Cómo ser el mejor vendedor del mundo
El Método Sell It

IOSU LÁZCOZ

CÓMO SER EL MEJOR VENDEDOR DEL MUNDO
El Método Sell It

℘

ALMUZARA

Editorial Almuzara • Colección Economía y Empresa
Director editorial: Antonio Cuesta
Edición de Javier Ortega
Maquetación de Miguel Andréu

www.editorialalmuzaracom
pedidos@almuzaralibros.com - info@almuzaralibros.com

Imprime: Gráficas La Paz
ISBN: 978-84-18648-22-9
Depósito Legal: CO-847-2022
Hecho e impreso en España - Made and printed in Spain

ÍNDICE

Prólogo

He tenido el honor de conocer y de tener como alumno a Iosu hace veintitrés años en un interesante programa que organicé con la Universidad de Navarra (en Pamplona), dirigido a jóvenes licenciados con un marcado interés por especializarse en temas comerciales.

Iosu fue, como su exitosa carrera lo demuestra, un fantástico alumno enamorado y apasionado por aprender el difícil y entusiasta «arte de vender».

Su posterior formación en otras disciplinas totalmente complementarias a su gran preparación comercial le han hecho triunfar con su tercer libro, *El arte de vender*, y le han permitido desarrollar esta nueva obra con una potente estructura didáctica que será de grandísima ayuda para los profesionales de las ventas y los directores comerciales, que podrán organizar la formación de sus equipos con la máxima profesionalización.

El libro que tienen en sus manos presenta un interesante método *Sell It* para dar una gran consistencia a todo el proceso comercial a través de una estructurada metodología que generará, seguramente, más credibilidad con el cliente dando, al mismo tiempo, la máxima confianza a nuestro vendedor. Si el mismo no sabe venderse con éxito como persona, difícilmente podrá conseguir la necesaria confianza de sus clientes. No hay que olvidar que estamos viviendo en un entorno de cambio constante en el que hemos modificado en poco tiempo nuestra forma de comunicarnos, de relacionarnos, de interactuar con otras personas y de adquirir nuevos conocimientos y todo ello ha ocurrido a un ritmo vertiginoso.

La actual dramática época de pandemia que empezó hace casi un año está creando la necesidad de desarrollar también nuevas técnicas de gestión del cliente, aprendiendo a trabajar en remoto. Esto implica un giro de 180° que requiere una necesaria preparación en temas digitales para poder alternar técnicas de ventas presenciales con la que hoy llamamos venta híbrida.

Los clientes y los consumidores siguen mostrándose menos fieles y siempre más exigentes, lo que requiere que nuestro vendedor, como comenta Iosu, se sepa adaptar rápidamente también a un nuevo entorno digital.

El comprador/consumidor, cada vez más informado, ha cambiado la forma de adquirir sus productos y de relacionarse con los vendedores. De aquí que la necesidad de orientarnos con éxito a satisfacer las expectativas de nuestros clientes haya hecho aumentar la necesidad de una venta más consultiva, a medida, y que vaya acompañada, como Iosu explica en estas páginas, por un fuerte componente emocional.

Solo con la aplicación de unas metodologías estructuradas podremos interceptar a tiempo las necesidades de compra del cliente actual ya desde sus fases iniciales.

El nuevo vendedor en épocas de pandemia y de gran incertidumbre como las que estamos viviendo deberá poder focalizar gran parte de sus esfuerzos en «asesorar al cliente» antes que en «vender», utilizando, cuando sea necesario, los nuevos medios digitales a su alcance como un complemento necesario a sus técnicas de venta para conseguir una venta de valor.

En definitiva, vendemos cuando nos esforzamos para convencer a otras personas para que hagan algo que nosotros queremos y, como explico a mis alumnos y a mis clientes desde hace casi cincuenta años: La venta es una transmisión de entusiasmo.

Cosimo Chiesa. Presidente de Barna Consulting Group
Profesor de Dirección Comercial
de IESE Business School

Testimonios

«Impactante, un método creado desde la experiencia de las ventas en calle que unida a los conocimientos formativos del autor te va a aportar pautas que sin duda van a incrementar tus cifras de ventas. *El Método Sell it* es el libro perfecto para que las personas responsables de compras entiendan que los vendedores somos sus aliados».

Patxi Villanueva Oyarzábal.
Director General Sernatec Hygiene.

«Tengo la fortuna de conocer personalmente al autor y de haber leído sus tres anteriores libros y recomendarlos en todas mis capacitaciones. El Método Sell it aporta treinta años de experiencias en ventas, es 100 % aplicable y actual en cualquier industria. Si eres vendedor, gerente o emprendedor, tienes que leerlo sí o sí. Estoy seguro de que lo aplicarás en tu día a día con excelentes resultados».

Jesús Guerrero.
Gerente Comercial del Sistema de Autofinanciamiento de la Red de Distribuidores Honda en México.

«Trascendental, la Biblia de las ventas. Iosu muestra en su obra, en su trabajado método de ventas, rigor, conocimientos técnicos y prácticos aderezado con un evidente toque de pasión. De obligada lectura para todos aquellos que nos dedicamos a las ventas (directa o indirectamente) y buscamos la excelencia. A todo lo expuesto solo puedo añadir una cosa: amén».

Ramón López Sánchez.
Director Comercial Citizen Watch España y Portugal.

«Este libro es un manual de alto nivel sobre la venta eficaz, de aplicación sencilla y con resultados instantáneos para quien siga las consignas del Método Sell it. La gran virtud de las enseñanzas que vierte Iosu es que son fruto de las experiencias vividas en primera persona. Y no solo en la práctica de la venta, sino también en sus formaciones, que han servido para enriquecer, más si cabe, las recomendaciones de este método tan brillante. Pero, sobre todo, lo que más entusiasma de este libro es la manera en que Iosu nos demuestra su pasión por la venta. No conozco a nadie que tenga semejante querencia por este maravilloso mundo que conduce a los vendedores a consumar el mágico Método Sell it».

Juan Carlos Jiménez.
Director Comercial PUMA España y Portugal.

«Me ha encantado el libro. Me he sentido muy identificado y me ha hecho visualizar mi trayectoria profesional, mi desarrollo y crecimiento, mis valores, mis errores y oportunidades de mejora y, por supuesto, me ha confirmado que soy VENDEDOR. Me ha cautivado la facilidad con la que Iosu, a través del Método Sell It, transmite no solo sus experiencias y conocimientos, sino también su pasión y entusiasmo por esta profesión. Es una prueba irrefutable de su valía y éxito personal y profesional».

Salvador Zubiate Iriarte.
Director General Sernatec Hygiene.

«De nuevo Iosu vuelve a sorprenderme con este gran libro. Como ya dije sobre El arte de vender, este es otra gran guía para todos. Es una obra que recomiendo al 100 %. El Método Sell it nos enseña y demuestra que en las ventas no existe el «café para todos". Nos regala su experiencia y estudio acumulado durante los últimos cuarenta y seis años».

Gotzon Ponce Martín.
Director Comercial y vendedor en Duplostock.

Introducción
El Método Sell It

Esta obra que tienes en tus manos es el resultado de la investigación que he realizado sobre cuáles eran los mejores métodos de venta probados del mundo a lo largo de la historia. He analizado sus pros y sus contras y, por último, he creado una secuencia de diez pasos que aumenta la eficiencia en la totalidad de tu proceso comercial. Cada uno de estos pasos está dibujado sobre el «valle de la incomodidad» —del que te hablaré más adelante— y representa una estructura que impacta sobre los tres cerebros de nuestro cliente: el racional, el límbico y el reptiliano, con una edad de cien mil, doscientos y quinientos millones de años, respectivamente.

En ventas nos dirigimos en exceso al cerebro racional, olvidándonos del todo de los otros dos, los cuales conviven con nosotros desde que el primer homínido pisó por primera vez la tierra. Las estructuras cerebrales de nuestros antepasados eran muy similares a las que tenemos hoy en día. El neocórtex ha aumentado en superficie, y con ello nuestra capacidad de raciocinio, pero el cerebro límbico y el reptiliano siguen estando ahí, no han desaparecido. Ellos son los responsables del 95 %

de las decisiones de compra de nuestros clientes, sin embargo, los hemos relegado al ostracismo.

Durante los últimos veinticinco años he estado formándome en distintas disciplinas del conocimiento —no solo sobre ventas—, he practicado en la calle todo lo que he aprendido y he analizado las necesidades que cientos de vendedores tienen cuando se trata de iniciar un proceso de venta. Tras trabajar con decenas de equipos comerciales de todos los sectores y provincias en los últimos años puedo afirmar tres cosas: en primer lugar, que las ventas apenas han desarrollado métodos estructurados a lo largo de los últimos cien años; en segundo lugar, que el público conoce pocos o ninguno y en tercer lugar, que no existía ningún método que integrara las distintas disciplinas del conocimiento, a la par que recogiera los últimos descubrimientos que la ciencia del comportamiento estaba arrojando. La necesidad estaba ahí y, con esta obra junto con las demás acciones que estoy desarrollando, pretendo aportar mi pequeño granito de arena al respecto. Los vendedores esperaban un método sin saber siquiera que lo necesitaban. Dada mi doble perspectiva como formador y como vendedor en activo me ha sido sencillo detectar esa necesidad no solucionada en los vendedores a nivel global.

A su vez, los cientos de profesionales que he conocido en mi carrera —en un porcentaje muy alto— no usaban métodos concretos ni seguían un orden determinado en sus visitas de ventas. Casi todos eran autodidactas sobre los pasos a dar a la hora de sentarse delante del cliente. Aplicaban conocimientos de manera aislada sin integrarlos en ninguna estructura ni secuencia. La improvisación era su mejor aliada y el desorden transmitido generaba desconfianza hacia el vendedor. Los vendedores nos encontrábamos huérfanos de herramientas ordenadas y eficaces.

Los vendedores necesitan un guion que ensamble todo el conocimiento que sobre el comportamiento humano y los procesos de decisión del cerebro se está aportando en los últimos años. Necesitan dotar de orden a todos sus procesos. En este sentido, todos los métodos estudiados para escribir esta obra no hacen ningún esfuerzo por integrar distintas disciplinas del conocimiento que son de plena aplicación a la profesión de las ventas; son sesgados y solo tratan la parte de la visita en la que estamos delante del cliente, descuidando tanto su fase anterior como la posterior; tratan al vendedor como si fuese una máquina a la que exprimir y no como un ser humano, obviando sistemáticamente uno de los resortes más poderosos que tiene para hacer crecer sus resultados de manera exponencial: su mente. La parte mental del vendedor —para mi sorpresa— no es tratada en ningún método. No debe de ser un asunto muy importante en su ejercicio profesional cuando no se le ha prestado casi nunca la más mínima atención.

La dirección comercial debe aprender nuevas competencias y las más importantes son las que tienen que ver con la relación interpersonal. No podemos olvidar que dirigimos personas, no máquinas.

Los vendedores eran y son formados en técnicas de manera aislada y, cuando se encuentran delante del cliente, no saben qué hacer ni en qué momento emplear las técnicas aprendidas, se sienten perdidos a merced de las habilidades negociadoras de experimentados compradores. Aplican sus conocimientos de manera errática, en fases de la visita que quizás no son las más idóneas y no los combinan con otros elementos con los que dotar de más fuerza a su discurso comercial. Ante esta situación, el vendedor necesita herramientas con las cuales solucionar este problema y a su vez integrarlas en una secuencia eficaz.

Por ese motivo, en el año 2016 diseñé un método de ventas que por lo menos intentara llenar el vacío existente para, de este modo, ayudar a los vendedores en su carrera y en su objetivo de convertirse en profesionales de primera.

El Método Sell it representa un guion que aporta consistencia a tu proceso comercial y te ayuda a generar credibilidad y confianza delante del cliente, de ese modo, construiremos relaciones comerciales a largo plazo.

Tal y como afirman desde Barna Consulting Group, el vendedor del siglo XXI debe ser un vendedor híbrido, con competencias tanto de venta tradicional como de venta digital. Muy lejos quedan las clásicas cuatro Ps del Marketing Mix. Estas han evolucionado al igual que lo están haciendo los vendedores de las nuevas generaciones. Por ello, en esta obra, y en mi método, está muy presente la tecnología a través de las cuatro entrevistas que he realizado. No existen mundos separados, el digital y el tradicional forman parte de un mismo universo: las ventas. Por ello, debemos acercar ambos mundos tanto a las nuevas como a las generaciones precedentes. No tiene sentido abordar las ventas únicamente desde el prisma digital como tampoco lo tiene hacerlo exclusivamente desde el analógico. En esta obra verás la importancia que las ventas tradicionales tienen y por qué no debemos relegarlas al ostracismo y sí integrarlas en nuestra estrategia de negocio.

El método integra diversas disciplinas del conocimiento como lo son la psicología positiva en el trabajo de optimismo, positividad y fortalezas personales del vendedor; psicología conductual a través de la metodología DISC de William Martson; psicología cognitiva de la mano de Albert Ellis y su método ABC de discusión de pensamiento; lenguaje no verbal y Programación Neuro Lingüística (PNL); *storytelling* y *data storytelling*, tecnología y, por último, técnicas de cierre. Todo ello, a diferencia de la venta consultiva y de las clásicas seis fases de la venta, se ordena en torno a una secuencia que se recorre desde el paso primero hasta el último siguiendo un diagrama de flujo.

Breve repaso a la historia

Iniciaré ahora contigo un recorrido por aquellas metodologías, técnicas y lecturas que me inspiraron en la creación de un método que reuniera las mejores prácticas comerciales observadas y que obtenían resultados demostrables.

Este método está concebido tanto para vendedores júnior como para sénior, tanto para ventas simples como para ventas complejas, aunque está especialmente diseñado para las segundas, tanto para productos como para servicios y también para todos los sectores.

Unos pocos autores han tenido mucha influencia en mí y me han inspirado a la hora de diseñar mi método. Por citar solo algunos, empezaré por los publicistas norteamericanos de los años treinta en los Estados Unidos. Elias St. Elmo Lewis, Eugene Schwarz y Claude Hopkins diseñaban campañas que enamoraban y captaban la atención de millones de consumidores, estamos en el nacimiento de la publicidad de masas.

Posteriormente, autores como Zig Ziglar, Napoleon Hill, Dale Carnegie, Bryan Tracy, Og Mandino, Clement Stone y Joseph Sugarman siguieron aportándome en la construcción de lo que daría lugar a mi Método Sell it.

Elias St Elmo Lewis creó el conocido método AIDA, acrónimo de: Atracción, Interés, Deseo y Acción. Según él, debíamos cumplir estas cuatro premisas para conseguir clientes. En mis formaciones y consultorías de ventas compruebo que el campo de mejora en estas tres primeras fases del Método AIDA es enorme. Este método, aunque es del primer tercio del siglo XX, tiene plena vigencia en el siglo XXI debido a que el cerebro humano es casi idéntico al del siglo pasado. Hoy en día es mucho más complicado captar la atención de nuestros clientes que por aquel entonces debido a la saturación de oferta, la sobreabundancia de impactos comerciales y al cada vez menos tiempo y atención del que dispone nuestro cliente. Diferenciarse de la competencia y de la igualdad de productos que existen en el mercado requiere de tu creatividad y trabajo a conciencia. Debemos ejercitarla más a la hora de dirigirnos a nuestros clientes y conseguir reuniones de venta. Sonamos repetidos y a vendedor fotocopia. Si no somos diferentes, si no captamos la atención de nuestro cliente potencial al inicio de nuestro primer contacto comercial perderemos la batalla por dos de los bienes más escasos de la era moderna: su atención y su tiempo. Imaginemos que hemos creado interés con una frase que ha captado su atención, pero ¿cómo generamos deseo? Esta es una pregunta que muchos vendedores todavía no han solucionado ya que no conocen los beneficios que un buen *storytelling* puede aportarles. Hemos sido entrenados en hablar sobre nuestro producto o servicio, pero no lo hemos sido en contar historias que lleguen al corazón de nuestro cliente y que lo seduzcan en último término; nos enseñan a hablar sobre nosotros y sobre lo buenos que somos y, además, lo hacemos en un porcentaje del tiempo total de visita demasiado elevado; hablamos sobre nosotros al principio de nuestra visita de ventas sin crear ningún tipo de sintonía con nuestro cliente ni ninguna tensión narrativa en nuestro discurso. Si el cliente ya sabe el final de la película al empezar nuestra visita de ventas, habremos perdido nuestro tiempo y el suyo: la película habrá acabado antes de empezar. No tiene sentido hablar de tu producto al inicio, todavía no tienes al cliente en el punto en el que debe estar, no está preparado para recibir tu solución. En mis conferencias y formaciones establezco la analogía entre ligar y vender, entre generar erotismo en la visita de ventas o pedirle el teléfono directamente a la chica o chico sin haber realizado ningún cortejo previo. En el caso de ligar el resultado ya sabes cuál es y, en el caso de las ventas, sucede lo mismo. La mayoría de los vendedores a los que entreno tienen una inercia adquirida a lo largo de los años que es difícil de erradicar: se lanzan a hablar al principio de la visita de sus productos, de sus bonanzas, de sus millones de facturación y de su implantación internacional. No se pueden contener. Ellos son los protagonistas, y no el cliente al que van a visitar.

Después de esta época dorada de la publicidad le llegó el turno a la venta consultiva, una venta llamada así por su analogía con la prescripción facultativa que te hace un médico: él te hace preguntas orientadas a descubrir cuál es el mal que te aflige y, una vez identificado, te prescribe un tratamiento. Posteriormente, realiza un seguimiento al citarte en su consulta. La venta consultiva es un tipo de venta en la que la calidad de las preguntas determinará la información que podrás usar o no para posicionar tu solución, tu loción calmante. No hay malas respuestas, sino preguntas mal formuladas.

Es aquí, en el arte de hacer preguntas, donde hay un enorme campo de mejora en los vendedores. Hacemos demasiadas, no incidimos en sus problemas no solucionados, no obtenemos información útil que me sirva para avanzar hacia el cierre, las hacemos a destiempo, atosigamos al cliente y acabamos con su paciencia. En el otro lado de la ecuación existen profesionales a los que admiro que manejan los tiempos y realizan preguntas que sirven para avanzar en la conversación de ventas. Lo hacen de manera natural, sin crear más tensión de la necesaria.

Siguiendo con el repaso de las escasas metodologías presentes en las obras que he leído y estudiado, tenemos la obra *Spin Selling* del psicólogo británico Neil Rackham. Considerado como uno de los mejores vendedores del mundo, ideó un método de cinco preguntas que hacían reflexionar al cliente sobre su estado presente y sobre las consecuencias que tendría de seguir igual sin hacer ningún cambio. Su obra es un clásico y me inspiró en el diseño de mi «valle de la incomodidad».

Todos los métodos descritos no trabajan la parte mental ni emocional del vendedor; no realizan investigación comercial previa; no trabajan la generación de sintonía con el cliente; tampoco integran técnicas de *storytelling* en la visita y, por último, tampoco trabajan la parte posterior de la misma. Es por ello por lo que decidí crear un método que no solo subsanara estos defectos, sino que potenciara todo lo bueno que estos métodos tenían.

Por último, diré que todos los métodos estudiados son enseñados en las principales Escuelas de Negocios del mundo, a la par que han sido practicados por miles de vendedores durante más de cincuenta años. Para mí, lo más importante que debes saber es que el *Método Sell it* lleva validándose donde tiene que hacerse: en la calle. Lo ha estado haciendo durante los últimos cuatro años y te puedo asegurar que funciona. Soy un vendedor en activo que prueba en la calle todo lo que enseño y escribo, por lo que esta obra que tienes en tus manos no es un tratado teórico ni filosófico, sino que representa todo lo que a mí y a mis alumnos nos ha ayudado para vender cada vez más y para conseguir cuentas cada vez más grandes.

Ya en *El arte de vender* hice cien reflexiones y más de ciento veinticinco consejos sobre la profesión de las ventas. Todas ellas están enmarcadas en cada una de las tres fases del *Método Sell it*: la anterior a la visita, la relativa a cuando estás delante del cliente y, por último, la correspondiente al análisis posterior.

Esta obra es un resumen de las formaciones que realizo sobre el *Método Sell it*, las mentorías, las consultorías de negocio, así como de la conferencia que lleva el mismo nombre. El material formativo es muy extenso y la formación dura varios días.

Actualmente estoy desarrollando varios proyectos relacionados con esta metodología de diez pasos y espero que vean la luz muy pronto.

Si estás interesado en ampliar conocimientos sobre el *Método Sell it*, escríbeme a ilazcoz@optitud.es y hablamos.

Así que manos a la obra y empecemos con la continuación de *El arte de vender.*

Valle de la incomodidad

La incomodidad trae participación y cambio.
Seth Godin

Imagina que has concertado una visita. El cliente se encuentra cómodamente sentado en su despacho y tú le empiezas a hacer preguntas cuyas respuestas ambos conocéis. Sigue sentado y cada vez se encuentra más relajado y, claro está, nunca se te ocurriría incomodarle ni hacerle sentir mal, ya que lo que persigues es que te compre. Sin embargo, si no consigues que se retuerza en su sillón, si no consigues que le empiece a picar todo el cuerpo, en sentido figurado, y que realmente le duelan las preguntas que le estás haciendo, si no haces tal cosa, estarás más cerca del fracaso que del éxito.

El valle de la incomodidad está concebido para ayudar al cliente a reflexionar sobre su situación presente, así como de todas las oportunidades que está perdiendo por no cambiar su situación. No pretendo que el cliente se enfade conmigo, sino que mi único objetivo es ayudarle a ser más competitivo.

Un alumno mío un día me planteó la siguiente pregunta: ¿qué sucede si el cliente se enfada contigo cuando le estás haciendo descender por el valle de la incomodidad? El objetivo no es aumentar la tensión sin ningún sentido y sin percibir las reacciones del cliente, dicho de otro modo, mientras le estoy haciendo descender por el valle, observaré cuál es su lenguaje no verbal. Si la tensión llega a un punto límite y estoy generando crispación, deberé aflojar la presión y hacer pequeñas retiradas de la conversación de ventas. A todos los vendedores nos sucede que cuando le decimos al cliente algo que no quiere oír se produce una pequeña guerra amistosa en la que defendemos cada uno nuestras posiciones. No se trata de enfrentarse al cliente, sino de ayudarle a reflexionar. Las ventas son el arte de la observación y si un camino nos lleva al precipicio deberemos cambiar de rumbo. Si no provocamos incomodidad el cliente seguirá cómodamente sentado en el lugar en el que estaba y no sentirá la necesidad de cambiar. Para producir movimiento le deberemos incomodar. Esto no es sinónimo de enfadar, crispar y enfurecer, sino de interesarme realmente por el cliente y en cómo le podemos ayudar a mejorar. Y para hacerlo la mejor manera es conseguir que su atención hacia nuestras palabras sea máxima. En un mundo con tantas distracciones es la forma más eficaz de conseguir que nuestro cliente realice una escucha activa.

Te muestro en la figura 1 el dibujo del valle de la incomodidad:

Todo nuestro discurso pivotará sobre los puntos fuertes de mi empresa, los cuales en lugar de ser explicados al principio de la visita lo serán al final. Antes, deberemos concienciar a nuestro cliente sobre sus problemas y las consecuencias derivadas de no solucionarlos.

Para ello deberemos conocer todas los «puntos de dolor»[1] del cliente y todas nuestras «soluciones calmantes». La información sobre nuestro producto, sobre el sector al que me dirijo, sobre la competencia y sus puntos débiles serán aspectos vitales para poder aplicar el método con eficacia.

---

1   Punto de dolor: metáfora muy utilizada en ventas que se refiere a los problemas no solucionados del cliente.

Aún no hemos empezado a descender por el valle de la incomodidad, pero tenemos toda la información necesaria para poder desarrollar cada uno de los pasos del método. La investigación comercial se antoja indispensable si queremos triunfar en nuestra visita de ventas.

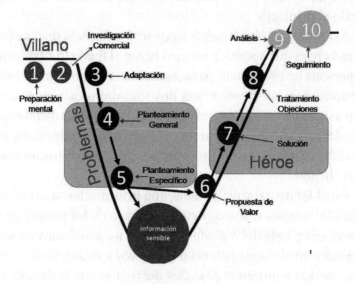

Figura 1

En el principio del valle se encuentra el villano que producirá una serie de problemas (fase descendente) para después iniciar la fase ascendente que desemboca en el héroe (solución). En la fase descendente provocamos incomodidad para después ir generando alivio y deseo de conocer más sobre nuestros productos y soluciones en la fase ascendente. En esta última pendiente es cuando aparece nuestra empresa, la cual soluciona todos los problemas que hemos planteado al inicio del descenso por el valle de la incomodidad. Todos los problemas que hemos planteado al comenzar la visita son precisamente los que nuestro héroe (solución) resolverá al final. Como verás, este aparece en escena al final, como en las películas, si lo hiciera al principio se acabaría la obra antes de empezar. Hemos ido creando tensión narrativa con nuestro relato, el cliente se pregunta cómo le vamos a solucionar sus problemas, pero nosotros escogeremos cuándo decírselo, será al final de la conversación y no cederemos a las demandas de información que este nos está formulando al principio.

Así pues, el *Método Sell it* sigue una secuencia de cine preparada para que aparezca nuestro héroe al final para rescatar a la persona en problemas, para rescatar a la empresa y sus ineficiencias. Ayudar y vender son dos sinónimos que no siempre van asociados en nuestra profesión. Ese es el verdadero propósito del método: ayudar. No son trucos, ni manipulaciones, son técnicas destinadas a un fin superior a nosotros mismos: nuestros clientes.

En el fondo del valle se halla una información sensible que descubriremos a nuestro cliente a lo largo de los pasos cuatro, cinco, seis y siete del *Método Sell it*. Son los problemas no solucionados en el cliente potencial al que voy a visitar, los he conocido debido a que en el paso dos del método he realizado una investigación comercial concienzuda, no solo sobre el sector al que voy a visitar (planteamiento general), sino también sobre el propio cliente (planteamiento específico).

Antes de que hagamos descender al cliente por el valle es de vital importancia que consigamos conectar con él estableciendo una sintonía de alta calidad. Estamos hablando del paso tres llamado adaptación. Una vez que ambos emitimos en la misma frecuencia de onda, ha llegado el momento de estimular sus tres cerebros. Para fijar su atención, es mucho más eficaz si primero lo hacemos con sus situaciones problemáticas no solucionadas que con las soluciones que he venido a ofrecer. Estas generarán emociones negativas tales como ansiedad, preocupación e incomodidad. Conseguiremos así captar la atención de nuestro cliente de manera mucho más eficaz. Es lo que en psicología se llama sesgo negativo del cerebro, mediante el cual el ser humano está diseñado —su cerebro reptiliano— para rastrear cualquier amenaza del exterior. Somos así y aunque lo sepamos no lo podemos evitar. Le damos mucha más importancia a lo negativo que a lo positivo. Cuando estamos siendo perseguidos por un tigre —ya sé que no es frecuente que te ocurra— se activan en el cerebro las mismas zonas que se activan cuando tenemos miedo a sufrir una pérdida económica.

Para ayudar a nuestro cliente potencial a descender por el valle tenemos los pasos cuatro y cinco (planteamiento general y específico). En el paso cuatro emplearemos técnicas de *storytelling*[2] aplicadas a la situación del sector al que voy a visitar y en el paso cinco aplicaré técnicas de *data storytelling*[3] (3) con los datos de la propia empresa que he conseguido por varios medios. Para descender por el valle también emplearé preguntas que hagan reflexionar al cliente sobre su situación actual para que al final del descenso le hagan replantearse un cambio.

Una vez que tengo al cliente en ese estado de incomodidad y curiosidad, estado en el que se está preguntando por qué no realiza un cambio y por qué no nos ha conocido antes, llega nuestra propuesta de valor doble (paso seis): por un lado, referente a nuestro producto o nuestro servicio, y por el otro debido a nuestra diferenciación como personas únicas y diferentes. No solo interactúa nuestro producto y servicio en la visita de ventas, sino que también lo hace la propia persona, el propio vendedor.

Estamos llegando al final de la película, le hemos mostrado al cliente cómo acabar con el villano y solucionar así todos los

---

2   *Storytelling*: es el arte de contar historias.
3   *Data storytelling*: combina los datos que proporciona el Big Data (ciencia de tratamiento de datos) con técnicas de *storytelling*.

problemas que este le acarrea. En ese momento llega el héroe que no es otra cosa que nuestra solución. Estamos en la fase siete.

En todas las fases (cuatro, cinco, seis y siete) emplearemos técnicas de *storytelling* de las que más adelante hablaré.

Pensar que con hacer muy bien los siete pasos primeros tenemos la venta conseguida es muy iluso, y más en un mercado con tanta oferta y tan competitivo. Le llega el turno al paso ocho (tratamiento de objeciones y negociación).

A través de técnicas de *storytelling* visualizamos el héroe y todos los beneficios que va a tener si el cliente decide «viajar» con nosotros. Estamos subiendo por el lado positivo del valle, estamos aliviando todos los dolores que presentaba nuestro paciente/cliente. Aparecen emociones positivas como alivio, alegría, tranquilidad y seguridad. Todos y cada uno de los puntos débiles de la competencia, todas sus ineficiencias se alinean con cada uno de los puntos fuertes que nosotros tenemos y que nombramos solo al final, en la fase de la propuesta de valor doble (paso seis) y la del héroe (paso siete). Todos los problemas que enunciamos al principio tienen solución y lo que tenemos que conseguir es que sea el propio cliente el que nos venda la solución que hemos venido a ofrecerle.

Ya hemos salido del despacho del cliente y llegan dos de los pasos más olvidados en la gestión comercial: el análisis de la visita (paso nueve) y el seguimiento (paso diez) que le haremos al cliente.

El recorrido por el valle de la incomodidad tiene un sentido y una razón de ser: provocar un cambio en el cliente y para conseguirlo tendremos que recurrir a las emociones. Las emociones son movimiento y cambio, mientras que las razones enfrían la decisión de compra. Si solo empleamos razones, si solo utilizamos un lenguaje digital —dirigido al cerebro racional— provocaremos análisis y razonamiento, conseguiremos aplazar la decisión de compra. Conforme más tiempo pase, mayor será el enfriamiento de nuestro cliente. Tradicionalmente siempre nos dirigimos a él con cifras y datos —lenguaje digital— sin embargo, los cerebros que deciden —límbico y reptiliano— solo entienden el lenguaje analógico, por lo que cuando hablamos en primer lugar con un lenguaje racional estamos escogiendo una vía ineficaz para influir sobre mis clientes. Aprender el lenguaje de las emociones es una tarea ineludible para todo vendedor que quiera aumentar sus ventas.

Debemos aprender el orden correcto que deberemos seguir si queremos influiir sobre los tres cerebros de nuestro cliente. Es el sentido ascendente, desde abajo hacia arriba. Es decir, primero trabajaremos el cerebro reptiliano, a continuación el límbico y, por último, el racional. Los vendedores invertimos este orden y eso es un error muy grande. Intentamos venderle al cerebro que menos interviene en los procesos de decisión humanos.

Empecemos con la descripción de cada uno de los pasos de los que se compone el *Método Sell it*.

Capítulo 1
Preparación mental
y emocional

Es difícil derrotar a alguien que nunca se rinde.
Babe Ruth

En mi anterior libro, *El arte de vender,* ya hacía una serie de reflexiones sobre este paso tan importante y, sin embargo, olvidado por muchas empresas.

A los vendedores se nos dan instrucciones, objetivos, se nos mide el desempeño mediante KPIs[4] (4), mantenemos reuniones mal llamadas de ventas porque en realidad son solo de cifras, se nos facilitan catálogos en los cuales se nos habla de todas las bondades de los productos que vamos a vender, etc. Todas esas directrices son emitidas en exclusiva desde el cerebro racional. Todo son órdenes —no reniego aquí de su cumplimiento—, sin embargo, los vendedores somos mucho más

---

4   KPI: Key Performance Indicator. Son indicadores de desempeño comercial.

que cables y comandos: somos seres humanos. Obviar nuestra condición conduce a muchos de los problemas que hoy sufren los equipos de ventas y que resumiré diciendo que se sienten en la mayoría del tiempo solos, sienten que sus opiniones no cuentan y a la vez sienten desafección hacia la empresa/marca.

Establecer la analogía entre nuestro cerebro y el disco duro de un ordenador no solo es erróneo, sino que puede tener consecuencias fatales para nuestra empresa. En demasiadas ocasiones a los vendedores se les trata como si fuesen máquinas que únicamente necesitaran una recarga eléctrica. Debemos establecer vínculos emocionales con ellos si queremos retener el talento comercial.

A los vendedores se nos forma en producto, en técnicas de venta e incluso en algún que otro método, sin embargo, no se nos forma en aquellas habilidades que nos diferencian de las máquinas, que hacen del ser humano un ente diferente, estas mal llamadas «habilidades blandas» constituyen el núcleo duro de la viabilidad de tu empresa. Son su principal activo y debemos cuidarlo y cultivarlo.

Aquí te muestro algunos beneficios de facilitar una adecuada preparación mental de los vendedores:

- Mejora la resiliencia.
- Aumenta la resistencia a los rechazos.
- Aumenta el optimismo.
- Mejora la tolerancia a la presión.
- Mejora la búsqueda de nuevas oportunidades de negocio.
- Aumenta los cierres.
- Mejora la calificación o selección de clientes potenciales.
- Mejora significativamente el trabajo en equipo.
- Aumenta la positividad de la empresa.
- Mejora el compromiso.
- Aumenta la fidelidad.

- Convierte a tus vendedores en verdaderos embajadores de marca.
- Mejora los resultados de la empresa de manera exponencial.

Estos son solo algunos de los beneficios que se obtienen cuando trabajamos la parte mental y emocional de los trabajadores. Todo lo que sucede en la mente del vendedor es lo que se traducirá en resultados, positivos o negativos. Lo que sucede en nuestro cerebro determinará, más que ningún otro factor, nuestro rendimiento.

Veamos en la Figura 2 el peso que cada una de las tres fases, PRE, IN y POS, tiene en mi *Método Sell it*:

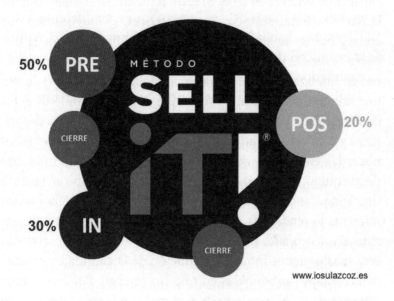

Figura 2

La fase PRE se refiere la parte del proceso comercial más importante. Es aquella relativa a preparación que deberemos realizar antes de estar cara a cara con nuestro cliente. Está compuesta por la preparación mental, emocional, sobre nuestro producto y la competencia, así como por la correspondiente a la investigación comercial que realzaremos del sector y del cliente a visitar. Esta fase tiene un peso muy alto en el total del tiempo que invertiremos en cada proceso comercial que iniciemos. Representa un 50 % del total del tiempo que le dedicaremos a una gestión comercial en concreto.

No solo es importante trabajar la parte mental del vendedor, sino también lo es hacerlo con su parte emocional. Emoción deriva del latín *emotio,* que significa impulso al movimiento. ¿Qué es lo que mueve a las personas? Las emociones que somos capaces de generar en ellas. Si el director comercial solo trabaja la parte racional en todas sus directrices, el movimiento que conseguirá en su equipo será mucho más limitado que si trabaja ambas. De un tiempo a esta parte han florecido formaciones en Inteligencia Emocional en los equipos de ventas y lo veo una asignatura que debiera ser imprescindible en todo director comercial que persiga conseguir un equipo de ventas de primera y a su vez uno fidelizado. Es muy importante saber reconocer las emociones que está experimentando cada miembro de tu equipo, no solo en las reuniones de ventas, sino en su día a día. Todas las conductas parten de una emoción previa y todos nuestros aprendizajes y recuerdos provienen de una serie de sinapsis neuronales provocadas por una emoción. El recuerdo será más o menos intenso en función de la cantidad y calidad de las sinapsis producidas en nuestro cerebro. Por eso es muy importante combinar la parte racional con la emocional, tanto en tus formaciones de ventas como en tus comunicaciones con los vendedores. Es de vital importancia enseñarles a reconocer sus propias emociones y las de sus clientes. Además de la psicología, que trabaja mucho con las emociones, existe otra disciplina que se ha demostrado muy eficaz: el *coaching*. Los vendedores a los que se les aplican procesos de *coaching* tienen resultados de un 25 % por encima de la media, tal y como se ha publicado en la *Harvard Business Review* —revista de negocios de la Universidad de Harvard— en más de una ocasión. Las emociones son una parte central en todos los procesos de mejora personal y profesional. Si queremos cambiar conductas automatizadas procedentes de pensamientos automáticos deberemos trabajar desde el origen para, desde ahí, tratar la parte emocional que será la que nos impulse hacia adelante. El ser humano no obedece comandos como lo hace un ordenador, sino que precisa de la parte emocional para ser movilizado. El vendedor tiene que sentir que nos importa, que no es un mero elemento decorativo al que no se le consulta nada, tiene que sentir que realiza aportes a la empresa y que todo su trabajo tiene un sentido.

En este punto resaltaré un elemento de la inteligencia emocional que no es muy practicado y que es vital, no solo en la gestión de nuestro equipo de ventas, sino también en la de nuestros clientes: la empatía. ¿Cuántas veces te han preguntado como vendedor cómo te sientes? Es muy sencillo de hacer, pero sin embargo la resistencia a llevar a cabo este acercamiento emocional hacia nuestros vendedores es muy grande. El director comercial debe ponerse en el lugar de su equipo, debe sentir lo que sienten, ya que solo desde una posición de igualdad, aunque los roles estén muy bien definidos, podremos empatizar con ellos y conseguir cambios positivos en su conducta. Con los clientes sucede lo mismo, si perciben que has venido a ayudarles, que entiendes sus problemas, si sienten que te preocupas realmente por sus necesidades, no solo habrás ganado una venta, sino un cliente con el que establecerás una relación profesional a largo plazo.

Si queremos aumentar la motivación del equipo de ventas, no solo deberemos trabajar la motivación extrínseca, los incentivos, sino que también deberemos incrementar la intrínseca. Esta última se ha demostrado que tiene una duración mucho más larga en el tiempo, siendo además la que mejores resultados consigue con los equipos, no solo de ventas. En este sentido, en el equipo tenemos a un psicólogo sanitario especializado en psicología del deporte llamado Tony Corredera con el que realicé un trabajo precioso cuando Osasuna estaba en Segunda División. Nos llamaron cuando faltaban doce jornadas y nos contrataron cuando quedaban siete. El reto era mayúsculo, conseguir meter al equipo en la promoción de ascenso tras una temporada muy difícil del entrenador Diego Martínez. Diseñamos una estrategia conjunta, mientras yo trabajaba con todo el equipo en distintas sesiones tanto en Tajonar como en el vestuario del Sadar, Tony lo hacía con los jugadores tanto a nivel individual como con todo el cuerpo técnico. Mi estrategia era doble, por un lado pretendía inyectar emociones positivas en el equipo que disolvieran la angustia, la presión, el estrés y el miedo que reinaban y, por el otro, mejorar la comunicación entre el técnico y la plantilla mediante la metodología DISC, de la que te hablaré más adelante. También trabajé con herramientas de PNL (Programación Neuro Linguística) para producir anclajes entre otros objetivos. Así, tenía en cuenta tanto la comunicación verbal como la no verbal, siendo esta última clave para poder identificar las emociones que estaban sintiendo los jugadores de Osasuna. El propósito de Tony fue empoderar a los jugadores que el cuerpo técnico nos indicaba. Para ello, utilizaba distintas técnicas de psicología aplicadas en sesiones individuales impartidas en espacios que nos habilitó amablemente el Hotel Tres Reyes de Pamplona. La negatividad reinante impedía que aflorasen todos los talentos que el vestuario tenía, se encontraban agarrotados a nivel mental.

Lo que habíamos preparado para la semana cambiaba radical-mente tras el partido del domingo; teníamos que elaborar una estrategia que solucionase todo lo que habíamos observado en el partido y durante la semana de entrenamientos. Ahí estaba la dificultad. Después de más de dos meses trabajando con el equipo, nos convertimos, durante esas últimas siete jornadas, en el mejor equipo de Segunda División, pero no nos alcanzó para jugar la promoción al quedarnos solo a un punto. El tra-bajo realizado fue reconocido y lo mantuvimos alejado de los medios por expreso deseo del club. Al año siguiente subieron a Primera División Osasuna y el Granada, dirigido por el ex entrenador de Osasuna Diego Martínez, con el que habíamos trabajado. Quiero pensar que algo de lo que hicimos quedó y les ayudó en el futuro.

Con Osasuna trabajamos mucho la parte emocional al igual que hacemos con los equipos de venta. Estos también sufren situaciones de bloqueo y para conseguir liberarlos de esa ten-sión se deben trabajar en distintos planos. Es clave cohesionar cuerpo y mente como una sola entidad.

Para que un vendedor funcione en la calle y resista con éxito la presión a la que te somete esta profesión deberá fortale-cerse mental y emocionalmente. Solo de esa manera podremos correr la carrera de fondo que son las ventas. Para llenar nues-tro depósito de combustible deberemos:

- Aprender a pensar bien: trabajo de optimismo.
- Experimentar emociones positivas en mi entorno y en mi persona.
- Pivotar mis acciones comerciales en torno a mis princi-pales fortalezas.

Estos son los tres ejes con los que preparamos a los equipos de ventas y que expondré a continuación.

Optimismo

Ningún pesimista ha descubierto nunca el secreto de las
estrellas, o navegado hacia una tierra sin descubrir, o
abierto una nueva esperanza en el corazón humano.
Helen Keller

Si tengo que elegir el factor, dentro del carácter humano, que mejor determina el funcionamiento de un vendedor en la calle este sería sin duda su nivel de optimismo. Ya hablé de Metropolitan Life en *El arte de vender* y de los resultados de seleccionar optimistas en las fuerzas de venta. Al cabo de dos años, los vendedores muy optimistas vendieron un 54 % más que los moderadamente pesimistas y un 26 % más que los moderadamente optimistas. Se realizaron pruebas de aptitud y el test de optimismo de Martin EP. Seligman. Hasta la llegada del fundador de la psicología positiva solo se tenían en cuenta los conocimientos técnicos de los vendedores a los que seleccionaban, siendo obviado todo lo relacionado con la actitud y con el optimismo.

También en mis dos primeros libros, *Optitud* y *Optitud ante la adversidad*, dedico un amplio espacio al optimismo. En esta obra amplío esta información con nuevas perspectivas.

Han pasado muchos años desde que en la década de los ochenta, por primera vez en la historia de las ventas, se seleccionaran vendedores en base a test de optimismo. Sin embargo, y según compruebo en mi actividad profesional, muchas empresas no emplean el optimismo en la selección de vendedores ni tampoco en su capacitación. Se centran más en la capacitación técnica que en la mental. Ejemplos hay muchos, pero parece que el optimismo es invisible a los ojos de muchos, tal y como compruebo cuando lo pregunto en mis conferencias y formaciones: menos de un 1 % contesta que hace pruebas de optimismo a sus candidatos. Es la asignatura pendiente y si hay un departamento en el que cobra especial relevancia es el departamento de ventas.

Antes de continuar me gustaría exponerte en la Figura 3 lo que NO es el optimismo:

Lo que NO es el optimismo

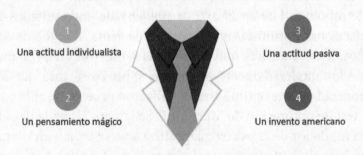

1 Una actitud individualista

2 Un pensamiento mágico

3 Una actitud pasiva

4 Un invento americano

www.iosulazcoz.es

Figura 3

Viendo la aplicación que el optimismo tiene en nuestras organizaciones, deduzco que se trata de una virtud del carácter poco importante para ellas y, al fin y al cabo, totalmente prescindible en nuestra actividad profesional. Deben de existir, hablo en tono irónico, muchas otras habilidades y competencias que son bastante más importantes y estratégicas que el optimismo.

Veamos estas situaciones hipotéticas con las que un vendedor se encuentra a diario. Las explicaré desde dos ópticas: una optimista y la otra pesimista. Después te mostraré cuáles son las dimensiones del optimismo.

EXPLICACIÓN 1

«Ayer tuve un buen día de ventas. En realidad, se dieron varias coincidencias que hicieron que fuese un día memorable. Una de ellas fue que a la empresa a la que visité le acababan de adjudicar una gran cuenta internacional y el director de compras estaba muy contento».

«El sector al que me dirijo está muy tocado por la crisis y no creo que se recupere por lo menos hasta dentro de unos veinte años tal y como vaticinan algunos expertos».

Veamos ahora este segundo estilo explicativo:

EXPLICACIÓN 2

«Ayer tuve un gran día de ventas, empiezo a comprobar como todo el aprendizaje y esfuerzo que he dedicado en este último semestre están dando sus frutos».

«Creo que al igual que el sector del calzado se está recuperando, seguro que el juguetero del pueblo de al lado también lo hará, por lo que me voy a programar para la semana que viene visitas a las principales empresas jugueteras».

¿Has notado alguna diferencia entre ambos textos? ¿Tienen efectos en tu actividad comercial estos pensamientos? Nuestras conductas están precedidas de un pensamiento y de su calidad dependen, en un porcentaje muy alto, nuestros resultados.

Te muestro a continuación las tres dimensiones que tiene el optimismo en la Figura 4 para posteriormente explicarte los dos textos:

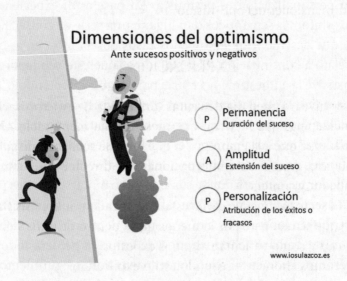

Figura 4

Los optimistas, aunque no piensan así siempre y en todas las dimensiones, tienen un pensamiento muy diferente del de las personas pesimistas. No trato aquí de sobrevalorar un pensamiento en detrimento del otro, sino que lo que pretendo es mostrarte las consecuencias de tener uno u otro en tus resultados de ventas y, si te dedicas a esta maravillosa profesión, debes educarte en el pensamiento optimista.

Analicemos ahora los dos textos que suelo utilizar, entre muchos otros, a la hora de capacitar a los equipos de ventas:

EXPLICACIÓN 1

«Ayer tuve un buen día de ventas. En realidad, se dieron varias coincidencias».

Comentario: Parece que el vendedor no se ha atribuido nada de su éxito, este es debido a factores externos. En la dimensión personalización es pesimista. En base a mi experiencia, estos síntomas semánticos dan lugar a una serie de consecuencias que desembocan, en muchos casos observados, en lo que te relato a continuación. El resultado es que este vendedor no construye la autoestima necesaria para seguir intentándolo, no lo hará con tanta determinación como alguien que sí que personaliza sus éxitos. Ante la presión continuada no tendrá la armadura necesaria para poder resistir los embates que representan los continuos rechazos a los que se somete a diario. El vendedor necesita atribuirse sus éxitos, no quitarse méritos por su consecución. Los pesimistas, al contrario que los optimistas, se atribuyen los fracasos. Sin la gasolina necesaria, el vendedor pesimista acabará abandonando y la empresa perderá todo el dinero invertido en su selección, capacitación y seguimiento.

«El sector al que me dirijo está muy tocado por la crisis y no creo que se recupere por lo menos hasta dentro de unos veinte años como vaticinan algunos expertos».

Comentario: Este vendedor piensa que la crisis va a durar mucho tiempo, por lo que al pensar que las empresas no van a estar receptivas para recibirle, su tasa de visitas cae vertiginosamente. Al hacer menos visitas sus ventas caen. Este vendedor ya ha encontrado su «chivo expiatorio»: la crisis. Ahora todos sus bajos resultados ya tienen un responsable y este es el saco sin fondo que representa la tan manida crisis. La dimensión afectada en esta parte del texto es la permanencia en el tiempo de este suceso negativo. Los vendedores optimistas piensan que la situación crítica es temporal y que pasará; no aprenden indefensión[5] y siguen peleando; sienten que ellos son los responsables de sus resultados y no dejan en manos de factores externos, ajenos a su control directo, su futuro. En relación con esto recordaré el caso citado en mi libro *Optitud ante la adversidad*. Corría el año 2005 y estaba en Castelo Branco (Portugal) para impartir una conferencia ante los mejores vendedores de España y Portugal de una multinacional de higiene británica.

En Portugal la crisis económica que azotó nuestro país en 2008 empezó antes y en 2005 era ya una realidad. Intervinieron varios vendedores portugueses y españoles hasta que uno de ellos, portugués, respondió a la pregunta «¿qué opinas de la crisis?». Para mi sorpresa, formuló una pregunta en tono sarcástico: «¿Crisis, qué crisis?». Afirmó que él no podía permitirse el lujo de pensar en la crisis ya que, si hacía caso a todo lo que salía a todas horas en los medios de comunicación, dejaría de salir a la calle a vender, habría aprendido que nada de lo que hiciera podría cambiar las cosas y se rendiría ante la adversidad. Me sorprendió y me gustó mucho su respuesta, pregunté sobre este vendedor y me dijeron que era el mejor vendedor de Portugal con mucha diferencia. La calidad de sus pensamientos le llevaba una y otra vez a conseguir más y más ventas, era inmune al desaliento y al pesimismo que reinaba en el país.

¿Pueden las empresas fomentar este estilo de pensamiento? ¿Están comprometidas con extender a todo el equipo el optimismo? ¿Por qué no lo hacen?

---

5   Indefensión aprendida: término acuñado por Martin E.P. Seligman en los años sesenta, referente al aprendizaje pasivo de indefensión al sentir que nada de lo que hicieran podría cambiar la situación.

Veamos ahora la explicación 2:

«Ayer tuve un gran día de ventas, empiezo a comprobar cómo todo el aprendizaje y el esfuerzo que he dedicado en este último semestre está dando sus frutos».

Comentario: Aquí el vendedor se atribuye el éxito de esa operación. Es lo que se llama «locus de control interno», los buenos y malos resultados, cuando lleguen, se deben única y exclusivamente a él. No evita sus responsabilidades. Por otro lado, se felicita por sus éxitos. Esta acción es muy importante en un vendedor ya que la calle no te da siempre alegrías, las necesitas para seguir luchando. Tiene una autoestima saludable que se cultiva con cada éxito que logra, hasta el punto de que siempre está buscando oportunidades que le refuercen. Nuestro cuerpo nos recompensa cada vez que conseguimos un éxito, lo hace inundando nuestro torrente sanguíneo con serotonina. Estos refuerzos químicos contribuyen a que sigamos intentándolo para volver a recibir estos estímulos y volver a sentirnos vendedores profesionales. En la dimensión personalización es muy optimista.

Se crea así un círculo de retroalimentación positiva sin fin que lo anima a seguir intentándolo tal y como indico en la Figura 5:

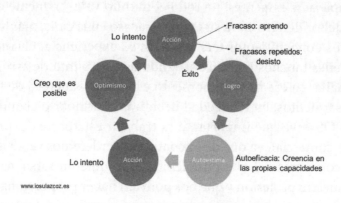

Figura 5

«Creo que al igual que el sector del calzado se está recuperando, seguro que el juguetero del pueblo de al lado también lo hará, por lo que me voy a programar para la semana que viene visitas a las principales empresas jugueteras».

Comentario: Esta dimensión es la de la amplitud. El suceso positivo lo amplía a otros sectores de actividad en otras ciudades. El pesimista cuando tiene un traspiés en una empresa amplifica este suceso al resto de sectores y ciudades. La consecuencia es que hace una extrapolación al resto de la población, con lo que piensa que ese suceso se repetirá. El resultado es que deja de visitar. Por suerte, en esta segunda explicación, el vendedor se siente espoleado a buscar nuevas oportunidades al estar convencido de que los clientes le están esperando con los brazos abiertos. Así que hace llamadas, concierta citas y cierra ventas. Esperar lo mejor y trabajar duro para que tus objetivos se hagan realidad es propio de personas optimistas. Visualizar escenarios favorables prepara a tu mente para pelear por estar ahí, pensar que nada cambiará o que irá a peor es propio de personas que niegan su poder para cambiar las cosas, son personas con la autoestima muy baja que lo intentan poco y que se rinden ante la presión de esta profesión. Por ello, las ventas son tan complejas y exigentes, no todo el mundo vale. La mente del vendedor determinará su éxito o fracaso en la calle, más allá de sus conocimientos técnicos y de su experiencia. Cuando obtienes muchos rechazos, cuando estás a punto de arrojar la toalla, en ese mismo momento estás solo a merced de tus pensamientos, en tu soledad decidirás continuar o abandonar. Observa qué importante es trabajar esta parte del proceso comercial, ya que de lo contrario perderemos vendedores con potencial que posiblemente no quieran saber nada de nuestra profesión y que nos podrían haber proporcionado muchas ventas.

¿Qué tipo de vendedor prefieres, el de la primera o el de la segunda explicación? Si la respuesta ha sido la segunda, te hago la siguiente pregunta: ¿Por qué no haces nada al respecto?

Los vendedores optimistas tienen una serie de características que les hacen muy recomendables para cualquier empresa que quiera contratar gladiadores:

1. Son proactivos: las dificultades para ellos son un reto, no un obstáculo.
2. Resisten la presión: nuestra profesión requiere de personas que resistan y no se hundan. Los optimistas doblarán la rodilla, pero nunca se rendirán ante las adversidades. Los constantes noes a los que se enfrentan a diario los vendedores requieren del desarrollo de su capacidad de resistencia.
3. Instalan en la empresa esperanza y posibilidad.
4. Ayudan a sus compañeros, al ser muy solidarios.
5. Tienen un sentido del humor muy necesario en épocas tensas.
6. Se cogen muy pocas bajas laborales.
7. Venden mucho más.
8. Ven oportunidades donde nadie las ve.
9. Piensan que lo bueno durará y que lo malo no, se atribuyen los éxitos y explican cómo los han conseguido al resto del equipo y, por último, piensan que todo lo bueno que les sucede se replicará en todos los ámbitos de su vida y en todo el equipo.
10. Son realistas: analizan todo, al poseer un pensamiento crítico muy desarrollado. Son muy conscientes de las adversidades.

Con los equipos de venta trabajo el optimismo en selección mediante un test, durante su formación y capacitación posterior, así como en la vigilancia activa que se realiza con cada uno de los vendedores. Podremos saber qué estilo de pensamiento predomina en mi equipo y cómo potenciar el que funciona, así como desechar el que puede pudrir al resto.

Si hacemos un cálculo de los costes que para una empresa tiene el pesimismo, seguro que nos movilizaríamos inmediatamente en seleccionar vendedores optimistas. La parte técnica es necesaria, pero sin un test de optimismo yo no contrataría a un vendedor. Se da la paradoja de que las empresas pecan de optimismo por un lado al pensar que el «manantial» de vendedores es inagotable y que pueden soportar rotación de vendedores de manera eterna, y por el otro, no trabajan ese optimismo de una manera saludable. Ejercen un optimismo pernicioso, pecando de exceso, y no fomentan el optimismo saludable en el equipo de ventas.

Positividad

Así como el optimismo es un pensamiento, la positividad es una emoción. En un profesional de las ventas no solo es necesario prepararnos mentalmente sino también hacerlo emocionalmente. Está demostrado científicamente que experimentar emociones positivas a lo largo de una jornada laboral tiene efectos muy notables sobre el aumento de productividad de los equipos de trabajo.

En ventas es muy importante crear los entornos adecuados para que la positividad aflore, tal y como demostró Shawn Achor, de la Universidad de Harvard. Demostró que los entornos laborales positivos en los equipos producen un aumento de las ventas de un 37 %. Ahora me centraré en cómo puedo aumentar la positividad en un equipo de ventas:

1. Ten en cuenta la opinión e iniciativas de tu equipo, incluso crea los momentos fijos en tu calendario semanal de reuniones de ventas. A menudo a los vendedores no se les pregunta ni escucha. Esto provoca emociones negativas como enfado, desapego, desmotivación y frustración.

2. Establece un día al mes en el que los vendedores se cojan una tarde libre para intercambiar experiencias entre ellos. En algunas empresas, como UBS, crearon el día de la cer-

veza en el que la empresa pagaba las rondas de los vendedores los viernes por la tarde. Con este sencillo acto se fomenta la unión, el compromiso y el apego hacia una empresa y su misión. Se sienten parte de un proyecto común que les motiva e impulsa a trabajar juntos en pos de un objetivo compartido. Claro está que esta acción por sí sola no es suficiente y deberá estar acompañada por otras que la refuercen.

3. Crear un diario compartido de prácticas comerciales exitosas; esto ayuda al equipo a conseguir resultados y estos son una de las principales fuentes de motivación de tu equipo de ventas. Dichas prácticas no solo se expondrán en las reuniones de ventas, sino que también quedarán reflejadas por escrito.

4. Crear un diario individual de las tres cosas buenas que te han pasado hoy. Lo llevaré conmigo todos los días durante dos meses. Cuando me suceda algo positivo lo anotaré. Descansaré, guardaré el diario y volveré a redactar otro pasado un tiempo. Hacer esto dirige el foco de nuestro cerebro racional hacia las cosas positivas que nos pasan todos los días y que no solo no les prestamos atención, sino que son relegadas por cualquier suceso negativo que nos acontece. Los psicólogos lo llaman «efecto tetris positivo» mediante el cual se establecen unas rutas sinápticas concretas en nuestro cerebro plástico que este tiende a reproducir de manera automática. Si instalamos estos patrones de pensamiento positivo en nuestro cerebro, produciremos conductas de búsqueda de oportunidades de manera continua y automática. Mientras que pensar en negativo no solo reduce drásticamente nuestro campo visual, sino que además evita que seamos conscientes de la infinidad de oportunidades que pasan delante de nuestros ojos y que no podíamos ver. Experimentar positividad,

tal y como lo han demostrado investigaciones a lo largo de todo el mundo, amplía nuestro campo visual, detecta oportunidades y apoya a las funciones ejecutivas superiores de nuestro cerebro racional, de este modo, nuestra planificación, segmentación, estrategia y medición se ven notoriamente beneficiadas.

5. Crea protocolos para el inicio y final de cada jornada laboral: uno de ellos puede ser el saludo, otro puede ser una reunión los lunes a primera hora para hablar sobre el fin de semana y no sobre el trabajo a desarrollar en los próximos días.

6. Fomenta el reconocimiento público, en toda la empresa, de los éxitos de un vendedor: esto desgraciadamente se queda, en el caso de que se produzca, en el departamento de ventas. En este aspecto, lo que dices y cómo lo dices debe estar perfectamente alineado. Cuando lo comuniques hazlo de verdad, que no se vea como una obligación o un acto protocolario sin alma. El propósito de esta comunicación es fomentar el orgullo del vendedor que lo anime a seguir intentándolo. Este reconocimiento se tiene que convertir en una celebración. Usa la imaginación.

7. Cuando tengas que comunicar algo negativo sobre un vendedor, hazlo en privado. Sí, lleva más tiempo, pero será un tiempo que deberás invertir.

8. Si eres director comercial o jefe de ventas, visita con tus vendedores, no les dejes solos. No hay mayor soledad que la que sientes en el coche cuando acabas de perder un cliente o cuando no consigues vender nada y la presión te ahoga.

9. Fomenta los eventos en los que participen todos los departamentos de la empresa: excursiones al monte, una etapa del Camino de Santiago, costilladas, etc. Los vendedores se sienten muy solos y rodearlos de compañía cada cierto

tiempo les da aliento y les ayuda a identificarse más con la empresa.

10. Mide la positividad de tu equipo de ventas: en cada reunión el director comercial puede medirla con el Ratio de Losada[6] (6), que es la proporción entre pensamientos positivos y pensamientos negativos. Lo mismo se mide con emociones a través de la observación del lenguaje no verbal.

En la figura 6 vemos las ratios de los equipos de ventas de alto, medio y bajo rendimiento:

Ratio de Losada equipos de venta

Emociones +/ Emociones –
Pensamientos +/ Pensamientos -

Alto rendimiento	5,614
Medio rendimiento	1,855
Bajo rendimiento	0,363

www.iosulazcoz.es

Figura 6

---

6   Marcial Losada, fallecido en 2020, fue un psicólogo chileno afincado en Estados Unidos http://losada.socialpsychology.org/

Tanto en *Optitud ante la adversidad* como en *El arte de vender* dedico más espacio a la positividad.

Como podéis observar, el nivel de positividad de los equipos de alto rendimiento es tres veces superior al de los de bajo rendimiento. ¿Y esto qué significa? Pues sencillamente que la positividad de los equipos que tienen mejores resultados está muy por encima del resto. Cuando el clima que se respira es muy bueno: reina la confianza, la comunicación positiva es la adecuada, el liderazgo se ejerce sin instilar miedo ni angustia en los vendedores, se fomenta la colaboración y ayuda entre miembros del equipo, se celebran los éxitos, se fomenta el espíritu de pertenencia y se cuida mucho el entorno físico en el que se desarrollan las reuniones. Cuando todo esto se da, los vendedores se sienten seguros y con confianza, salen a la calle con mucha más fuerza. Esa seguridad es captada por el cliente, que confía más en el vendedor.

Los resultados de los mejores equipos de venta no son fruto del azar y sí de muchas acciones que suceden antes de que se realicen las visitas.

11. Ayuda a un compañero una vez al mes como mínimo. Está demostrado que ayudar a alguien reporta incluso más beneficios emocionales a quien da que a quien recibe. Si quieres sentirte bien ayuda a alguien de tu equipo o de tu empresa y haz de esto un hábito.

Moverse en los extremos es siempre pernicioso tanto para la empresa como para el vendedor, esto sucede cuando se es excesivamente optimista y también cuando se tiene, según afirma Marcial Losada, una ratio de positividad por encima de 11/1. La sabiduría reside en el equilibrio. Para que el vendedor sueñe con los pies en el suelo y no se aleje de la realidad necesita alejarse de los extremos. Un profesional demasiado optimista puede que esté incapacitado para poder prever situaciones adversas y elaborar planes de contingencia. Imaginemos la siguiente situación, un director financiero necesita hacer una dotación de fondos y le pide al director comercial un plan de ventas. Este a su vez se lo solicita a cada uno de sus vendedores. Todo el departamento, incluido el director comercial, es muy optimista, en los test todos dieron la puntuación más alta (+16). Sus previsiones de ventas no tuvieron en cuenta que la crisis estaba obligando a muchas empresas a prescindir de ciertos servicios, a la par que un porcentaje importante de ellas estaban atravesando por serias dificultades. Algunas incluso estaban cerrando. Esta situación pasó inadvertida para el director comercial y su equipo, su optimismo se cristalizó en un plan de ventas de difícil cumplimiento. El departamento financiero hizo una dotación de fondos muy importante, el departamento de compras, a su vez, incrementó su actividad para poder dar salida a las ventas que habían sido previstas y se almacenaron muchos productos con la seguridad de ser vendidos. Al final, la desviación de los objetivos fijados en el plan de ventas fue del 40 %. Los costes financieros fueron muy importantes y los materiales comprados empezaban a acumular polvo en los almacenes de la empresa. El impacto que esto tuvo en la cuenta de resultados fue muy considerable, disminuyó la rentabilidad, el *cash flow* y la viabilidad de la propia empresa.

Al igual que el optimismo es necesario en las empresas, también lo es el pesimismo saludable. Las empresas necesitan de profesionales que se pongan en el peor lugar posible, que sepan anticiparse a las adversidades construyendo diques de contención. Estos deben anticiparse y, para hacerlo, tienen que visualizar los peores escenarios posibles para prever su impacto.

Fortalezas

Tienes que saber qué enciende tu luz,
si lo haces puedes iluminar el mundo.
Oprah Winfrey

Desde los inicios de nuestra andadura en este planeta, nuestro cerebro reptiliano de quinientos millones de años rastrea cualquier posible amenaza a su supervivencia. El ser humano, en profesiones como el periodismo y la psicología, ha puesto el foco y la importancia, única y exclusivamente, en lo que funcionaba mal. Lo que hacíamos bien era pasado por alto y, al hacerlo, no lo podíamos replicar en el futuro.

A finales del siglo XX dos eminentes psicólogos clínicos, Martin E.P. Seligman y Christopher Peterson, hicieron un estudio a lo largo y ancho del planeta sobre las virtudes del carácter que nos eran comunes a todas las culturas. El estudio abarcó los últimos tres mil años.

Su estudio se recogió en su obra *Character strengths and virtues: a handbook and clasification*. Concluyeron que eran seis las virtudes, de las cuales pendían veinticuatro fortalezas:

1. Sabiduría: amor por el conocimiento, curiosidad, pensamiento crítico, originalidad, inteligencia emocional, social y personal, perspectiva.
2. Valor: valor, perseverancia, integridad.
3. Humanidad / Amor: bondad y generosidad, capacidad de amar y dejarse amar.
4. Justicia: civismo, liderazgo e imparcialidad.
5. Templanza: autocontrol, prudencia y humildad.
6. Trascendencia: disfrute de la belleza y la excelencia, gratitud, esperanza/optimismo, espiritualidad, perdón, sentido del humor y pasión.

He subrayado aquellas fortalezas que en ventas considero más relevantes, aunque todas ellas de una manera u otra tienen su peso en cada una de nuestras acciones comerciales. La inteligencia emocional es un activo muy importante en un vendedor. Reconocer mis propias emociones y las de mi cliente me permitirá establecer mejor sintonía con él durante la visita. La inteligencia social, es decir, saber relacionarme con grupos de personas, es una necesidad intrínseca de nuestra profesión. En ocasiones mentorizo a profesionales que no la tienen desarrollada. Les ayudo a enfrentarse a ello de la mejor manera posible: participando en cuantos más actos sociales mejor. El valor también es muy importante ya que los vendedores a menudo nos enfrentamos a escenarios desconocidos, a situaciones muy cambiantes y a una presión muy alta sostenida en el tiempo. Enfrentarse a sus propios miedos es el mayor reto al que se enfrentan los equipos de ventas. El miedo paraliza, mata la esperanza y anula las funciones ejecutivas superiores de nuestro cerebro racional. La capacidad de amar también es muy importante ya que en la medida en la que das al cliente, te preocupas realmente por él y te pones en su situación, mayor será su fidelidad hacia ti y tu empresa el día de mañana. Si el cliente percibe que le quieres, que no buscas la venta sino su bienestar, en ese mismo instante habrás ganado un cliente, no solo una venta. Los vendedores bondadosos se comportarán de manera ética; velarán siempre por el bien del cliente y no por el suyo propio; funcionarán siguiendo un código que nunca traicionarán; serán buenos con su equipo y les ayudarán en todo lo posible; no se atribuirán éxitos ajenos ni robarán clientes a los comerciales. Los vendedores con la fortaleza liderazgo se centran en el prójimo, consiguen los objetivos con las personas, no utilizándolas. Cabe diferenciar el liderazgo del *jefazgo* centrado, este último, en uno mismo y en sus objetivos personales, en quemar al equipo con acciones alienantes que anulan su autonomía y su autoestima. Te muestro una comparativa entre ambos en la Figura 7. Maya Angelou era una persona que dirigió innumerables equipos y siempre lo hizo desde la cercanía y firmeza y también junto a su equipo, a cuyos miembros defendía frente a cualquier agresión. Su biografía es digna de leer:

Figura 7

La humildad es también una fortaleza muy importante en ventas. Relativizar tus éxitos te permite no dormirte en los laureles del éxito, en ellos se sienten muy cómodos aquellos que piensan que ya no pueden aprender nada más, que está todo inventado y que ya no pueden crecer profesionalmente. Se estancan y están todo el día rememorando éxitos pasados que les impiden conseguir nuevos. Desconfía de aquel vendedor que está todo el día hablando sobre sus éxitos y de lo bueno que es. Los éxitos de hoy acaban hoy, no se puede vivir de ellos eternamente, sería el principio del fin. En ventas no vivas de las rentas.

El optimismo, siempre según mi experiencia, es la fortaleza del carácter más importante. El sentido del humor es una de las técnicas más eficaces en *storytelling* para acercarte al corazón de tu cliente. Cuando este experimenta positividad, y el humor es una emoción positiva, su mente se abre a todo lo que has venido a ofrecerle, la sintonía generada facilita sobremanera el desarrollo posterior de la visita de ventas. Y por último está la pasión. Cuando un vendedor habla con brío de su producto o servicio, el cliente interpreta que muchos otros han confiado en él previamente. Así se produce el elemento más importante de una visita, es aquel sobre el que se edifica toda tu presentación: la confianza. La pasión se transmite con todo tu cuerpo y tu voz, ambos deben estar perfectamente alineados, de lo contrario el cliente lo detectará. Todo lo que estás intentando construir se desmoronará en un segundo. La congruencia de tu mensaje deberá ser total, de lo contrario sonarás falso.

Las fortalezas del carácter representan el eje de la psicología positiva. Se trata de potenciar la utilización de las cinco principales, de las veinticuatro en total, en nuestro trabajo diario como vendedor. En un equipo de ventas es muy importante realizar un mapeo de las fortalezas características de todo el equipo. El objetivo es triple:

- Potenciar su uso en cada uno de los vendedores.
- Repartir tareas entre el equipo según sus perfiles.
- Potenciar la retroalimentación entre los miembros del equipo: todos son conscientes de las fortalezas de sus compañeros y recurren a sus virtudes específicas cuando las necesitan. Un vendedor puede ser muy creativo y acostumbra a encontrar soluciones donde otros solo ven imposibilidad. Cuando otro está atascado en una operación que se dilata en el tiempo, puede pedir ayuda a ese vendedor creativo, seguro que le abre nuevas vías para desatascar la venta. Lo mismo sucede con las otras veintitrés virtudes. Todos nos retroalimentamos de todos, de ese modo el equipo es el que sale beneficiado y la empresa con ello.

Ahora bien, veamos el siguiente caso hipotético de un equipo de ventas en la Figura 8:

Equipo de ventas

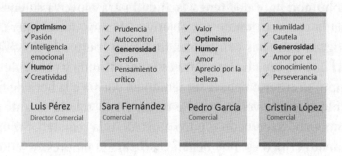

✓ **Optimismo**	✓ Prudencia	✓ Valor	✓ Humildad
✓ **Pasión**	✓ Autocontrol	✓ **Optimismo**	✓ Cautela
✓ **Inteligencia emocional**	✓ **Generosidad**	✓ **Humor**	✓ **Generosidad**
✓ **Humor**	✓ Perdón	✓ Amor	✓ Amor por el conocimiento
✓ **Creatividad**	✓ Pensamiento crítico	✓ Aprecio por la belleza	✓ Perseverancia
Luis Pérez	**Sara Fernández**	**Pedro García**	**Cristina López**
Director Comercial	Comercial	Comercial	Comercial

www.iosulazcoz.es

Figura 8

61

Antes de comentar este caso, debo puntualizar que, aunque no aparezca una fortaleza en un perfil, eso no significa que no la tengamos, lo que nos está diciendo es que no está entre nuestras cinco principales fortalezas. Estas las ejercemos de manera natural, no nos cuesta ningún esfuerzo aplicarlas, incluso nos sentimos revitalizados una vez las hemos utilizado en una tarea concreta. La energía que invertimos es muy baja, por lo que cuando ese vendedor llega a casa después de haber puesto en funcionamiento sus cinco principales fortalezas se siente con fuerza y con energía para seguir proporcionándolas en su entorno familiar. Por el contrario, si ese vendedor no está aplicando sus principales fortalezas en su trabajo, al llegar a casa se sentirá exhausto, sin mucha energía y con mucha pereza de que llegue el día siguiente. El otro vendedor está deseando que llegue, ya que su trabajo encaja perfectamente con sus cinco principales fortalezas.

Hagamos una breve interpretación de la Figura 8. Sara y Cristina son dos comerciales que no dudarán en ayudar a sus compañeros cuando estos lo requieran. Luis, director comercial, parece que es un buen comunicador, al ser optimista ve las oportunidades que el mercado le brinda. Su pasión, unida a su humor, hace que tenga facilidad para mover a su equipo hacia la consecución de sus objetivos. Vemos que el liderazgo no figura entre sus principales fortalezas, pero esto no quiere decir que no sepa liderar. Sara es la más tímida y prudente del equipo, su criterio deberá ser tenido en cuenta a la hora de fijar los objetivos de venta, ya que es un freno saludable ante un optimismo exacerbado y poco ajustado a la realidad. Su pensamiento crítico es muy beneficioso para la empresa a la hora de analizar la situación del mercado, de realizar trabajos de segmentación y también a la hora de documentar y establecer protocolos comerciales. Todos para uno y uno para todos tal y como rezaba la proclama de los cuatro mosqueteros de

Alejandro Dumas. Todos nos apoyamos, no solo en nuestras propias fortalezas, sino en las que nos aportan los demás miembros del equipo, así recurriremos a Cristina cuando las cosas se pongan difíciles y hayamos pensado en abandonar, ya que ella nos insuflará ánimo y dará pautas apoyadas en su fortaleza, la perseverancia. Cuando todo pinte mal, cuando el futuro parezca muy negro, nos apoyaremos en el optimismo de Luis y de Pedro, les haremos participar en reuniones e intentaremos interactuar más con ellos con el fin de que seamos contagiados por su espíritu optimista. Cuando nos creamos que somos los mejores y corramos el peligro de caer en el descuido producido por la autocomplacencia recurriremos a la humildad de Cristina y a la prudencia de Sara.

Como has comprobado, un equipo funciona como el principio de los vasos comunicantes de Blaise Pascal. No son islas, como tampoco lo deben ser los miembros de un equipo y los departamentos entre sí.

CONSEJOS

- Selecciona optimistas (*) y cultívalos en tu equipo de ventas. Existen distintos test de optimismo, nosotros usamos el de Martin E.P. Seligman. Otro que es muy fiable es el LOT-R (*Life Orientation Test*- Test de Orientación Vital) de Michael F. Scheier.
- Diseña protocolos para que el entorno laboral de tus vendedores sea lo más positivo: procura que el número de emociones positivas que vive tu equipo de ventas sea superior a las negativas. Clima, decoración, comunicación, reuniones, celebraciones, reconocimientos, autonomía, etc., serán utilizados por los líderes para generar compromiso y fidelidad.

- Crea un mapa de fortalezas visible para todo el equipo y reparte tareas que encajen con ese mapa.
- Realiza diagnósticos de tu equipo en:

  ~ Fortalezas y optimismo en www.authentichappiness.org

  ~ Positividad en www.positivityratio.com

Capítulo 2
Investigación comercial

No encuentres clientes para tus productos,
encuentra productos para tus clientes.
Seth Godin

Una empresa debe poseer información detallada sobre su mercado potencial para poder empoderar a sus vendedores. Enviarles a la calle sin herramientas es como ir a la guerra con palos y piedras. Es una decisión que le hace perder mucho dinero. Hay un trabajo previo que deberemos realizar antes de lanzarnos a la conquista de nuestra cuota de mercado: la investigación comercial. En demasiadas ocasiones las urgencias matan la eficiencia. Antes de salir a la calle deberemos conocer:

- El sector en el que se enmarca nuestra actividad comercial.

- Cuáles son las necesidades no solucionadas por la competencia.

- Al cliente que vamos a visitar (perfil cliente).

- Las características y beneficios de nuestro producto.

- La competencia y sus debilidades.

- Nuestra reputación de marca y la de sus competidores.

- Cómo introducirse en determinados países y segmentos de mercado.

- Por qué compran los clientes.

- Cuál es su ciclo de compra.

- Quién es mi cliente objetivo: sexo, edad, cultura, salud, estilo de vida, vacaciones, aficiones, qué publica, qué redes utiliza más, estatus económico, qué rastro deja en Internet, etc.

- Estudios previos al lanzamiento de mi producto al mercado para saber cómo va a funcionar.

Respóndeme sinceramente, ¿cuántos de estos once puntos utilizas en tu empresa? Todo lo que inviertas en conocer mejor el mercado al que te diriges se traducirá en más ventas y menores recursos invertidos en conseguirlas, lo que aumentará la rentabilidad de las operaciones que se realicen. En definitiva, aseguras la viabilidad de tu empresa. Más adelante profundizaré más en estos puntos de la mano de dos expertos que colaboran en este libro.

Estos puntos parecen de perogrullo, pero te sorprenderías de la cantidad de veces, y de manera sistemática, que son obviados. Cuando estés delante del cliente deberás posicionarte como un consultor experto que conoce el sector, su problemática y su lenguaje. Este «título» de experto solo te lo proporcionan los años que llevas sirviendo en ese sector, esta pericia es percibida por el cliente y te la recompensa cediéndote su confianza. Puede que lleves pocos o ningún año trabajando en ella, pero si has recibido una preparación adecuada y has estudiado a fondo el mercado al que te vas a empezar a dirigir serás capaz de transmitir esa confianza tan necesaria para que te siga prestando atención.

En esa investigación también es muy importante que conozcas muchos de los problemas que no han solucionado las empresas de tu competencia, a las que nunca nombras, esas carencias son precisamente las que tú solucionas con tu producto o servicio. Todavía no estás delante del cliente, pero es de vital importancia que obtengas cuanto antes toda la información posible para que puedas ensamblarla posteriormente cuando estés delante del cliente y apliques el *Método Sell it*.

En este momento estamos investigando el entorno en el que opera tu cliente, pero todavía no lo conoces a fondo. Lo primero que deberás hacer es consultar su historia, misión, valores, visión, equipo y productos. Para conseguirlo, tendremos diferentes modos de hacerlo:

- Mediante su web: solo publicamos nuestras bondades.

- Mediante sus redes sociales; conoceremos cuáles son los eventos en los que participa, premios recibidos, novedades que ha presentado, productos de los que se siente más orgulloso, etc.

- Publicaciones en prensa, radio, televisión, *webinars*, *podcast* y otros medios digitales.

- Noticias del sector en revistas especializadas.

- Mediante el análisis del comportamiento digital del cliente potencial.

- Mediante encuestas *on-line* realizadas a una comunidad representativa en cantidad y calidad.

Mediante estos medios conoceremos lo que nuestro cliente potencial quiere que se conozca, pero sus miserias no las publicará, sus problemas se los guarda para él mismo. Así que deberemos escarbar más para sacar a la luz esos problemas que representan mi vía de entrada en la empresa. La manera más directa de obtener esta información es solicitando mantener reuniones con los distintos departamentos de la misma para, después, decirle al cliente si realmente le podemos ayudar o no. Es difícil que se niegue, ya que lo que le ofreces es una consultoría de negocio gratuita que le va a proporcionar diferentes vías para mejorar su empresa. Otra vía es investigando sobre trabajadores que recientemente han abandonado la empresa, o bien podemos hacer esta búsqueda, por ejemplo, a través de la red social profesional LinkedIn, para después contactar con los puestos relacionados con los productos que voy a ofrecer.

Empezaré con la primera de las dos entrevistas que contiene este capítulo. La tecnología ha irrumpido con mucha fuerza en la forma en la que obtenemos la información sobre el mercado y nuestros clientes potenciales. Los conocemos mucho mejor, ya que las muestras poblacionales son mucho más amplias y la información recogida mediante herramientas digitales es más variada y mucho más precisa. En el equipo de Ventas Híbridas apostamos por la tecnología y la hemos integrado en todos nuestros procesos para poder servir mejor a nuestros clientes. Teniendo a nuestra disposición herramientas digitales de tan contrastada calidad no tiene sentido seguir trabajando con herramientas analógicas que nos daban un menor recorrido para con nuestros clientes. La primera persona entrevistada es mi socio Albert Ramos Catalán[7]

ALBERT RAMOS CATALÁN

Empezaremos con Albert Ramos Catalán, CEO de Indubioline y Co Fundador de Ventas Híbridas.

---

7   https://www.albertramoscatalan.com

Según él, si queremos obtener información que podamos utilizar posteriormente deberemos trazar una estrategia digital bien definida y tener la operativa necesaria que agrupe todas las herramientas que utilizaré. También es preciso, según nos comenta, conocer cuáles son las funcionalidades de cada una, ya que con demasiada frecuencia se utilizan sin conocer los objetivos que deben satisfacer.

Para convertir, conseguir clientes en *marketing* digital, tienes que empezar mejorando tu visibilidad *on-line* y, créeme, no es nada fácil teniendo en cuenta la ingente cantidad de empresas que están persiguiendo lo mismo que tú. En cuanto a visibilidad *on-line*, tenemos distintas opciones y la que recomienda Albert por encima de las demás es Semrush. Afirma que es de las más completas e intuitivas para trabajar desde un inicio. Existen otras como Sistrix, Ahrefs o WooRank. Ante la gran cantidad de herramientas de posicionamiento, Albert recomienda no usarlas todas e ir poco a poco familiarizándonos con cada una y, en función de los recursos económicos disponibles y su facilidad de uso, elegir una u otra. Últimamente está usando Dinorank y los datos que genera son muy interesantes y útiles.

Según Albert:

«Con este tipo de herramientas podemos saber dónde estamos nosotros, dónde se encuentra nuestra competencia y obtener datos para definir un plan de visibilidad *on-line*. Nuestro plan para aumentar la visibilidad de nuestra empresa debe estar en consonancia con el plan de *marketing*».

Claro está, es muy importante disponer de los vehículos que nos permitan llegar al mercado de manera eficiente: estos son los contenidos. A través de ellos, comunicaremos en qué somos diferentes y por qué tienen que confiar en nosotros. Albert nos señala la importancia de tres herramientas que nos ayudarán en nuestro propósito:

1. Web.
2. *Landing Page* (página de inicio de la web).
3. Blog.

La página web es la herramienta fundamental de nuestra empresa en Internet. Las empresas, tal y como he comentado anteriormente, comunican de mejor o peor manera todas sus bondades, pero poco acerca de lo que solucionan y sobre lo que ganan sus clientes al contratarlos. En ella explicaremos todo acerca de nuestra marca, lo haremos mediante un blog y, quizás también, programando y diseñando diferentes *landing page* para nuestros productos o servicios.

Antes de lanzarnos a conquistar nuestra cuota de mercado, deberemos tener hechos los deberes, preparar una web y unos contenidos que vendan no es muy frecuente. Antes de salir a vender, necesitaremos tener la casa bien ordenada y dotar a los comerciales de herramientas con las que aumentar su penetración en el mercado. Los deberes empiezan antes de que se realice la visita de ventas. Tienes que responder una pregunta: ¿quieres una web-catálogo, o una web que venda? La respuesta es tuya. Según Donald Miller en su fabuloso libro «Storybrand» nos deja una inquietante reflexión: «las empresas prestan más importancia al diseño de sus webs que al lenguaje comercial que emplean».

Para crear buenos contenidos, es decir, información que explicará con todo detalle qué somos capaces de ofrecer y además hacerlo con los requerimientos técnicos necesarios para que se posicione correctamente en Internet, disponemos de múltiples herramientas. Algunas de ellas están diseñadas para controlar que no nos excedamos en el uso de palabras clave, como es el caso de SEOquake, y otras nos indicarán si nuestras descripciones y títulos (metas) están bien diseñados y cumplen con las necesidades técnicas. Para ello tenemos *plugins* de SEO tales como Yoast SEO o Rank Math, entre otros.

Hay otro factor que deberemos tener muy en cuenta a la hora de diseñar una web: su velocidad de carga. El bien más codiciado en el usuario del siglo XXI es su atención. Ante tanta sobresaturación de mensajes por Internet la paciencia de nuestro cliente potencial es cada vez más escasa, por ello deberemos prestar atención a la velocidad de carga de nuestras páginas en Internet. Si tarda más tiempo del necesario, el usuario abandonará nuestra web y no conseguiremos nuestros objetivos de ventas. Es también muy importante que nuestros proveedores de Internet actualicen de manera periódica todos los *plugins,* ya que de lo contrario las páginas se cargan muy lentamente. No es la primera vez que nos encontramos con problemas como este.

Para ello nos ayudarán herramientas tipo:

- Pingdom Tool
- GT Metrix
- PageSpeed Insights
- WooRank…

Si hablamos de compartir contenidos tampoco podemos olvidar las redes sociales. Para ello es importante conocerlas muy bien. No es necesario estar en todas, sino solamente en aquellas que den sentido a nuestro negocio o empresa. Aquí es necesario que te hagas dos preguntas:

1. ¿Tienes hecho un Plan Estratégico de Marketing Digital?

2. ¿Aportan valor para tu público objetivo tus publicaciones en redes sociales?

En el equipo de Ventas Híbridas nos encontramos con frecuencia publicaciones como esta en Linkedin: ¡buenos días desde Barcelona! ¿Qué aporta esta publicación? Te lo diré: una falta de profesionalidad alarmante que se traducirá en una falta de confianza del cliente potencial.

Algunas de las herramientas para medir lo que estamos consiguiendo en redes son:

- Metricool
- Hootsuite
- Buffer
- Audiense

A modo de corolario, Albert finaliza con esta frase:

«En Internet, al igual que sucede en el mundo de la empresa en general, rodearte de talento dentro y fuera de la organización es básico para conseguir buenos resultados. Y recuerda: las herramientas son importantes, pero más importantes son las personas que deben usarlas para poder interpretar bien los datos y seguir tomando buenas decisiones».

Es importante discernir las herramientas de las personas que las van a utilizar. No tienen el mismo rango ni, por supuesto, las herramientas digitales están por encima del vendedor y de sus virtudes .

Continuamos con la importancia que tiene toda la preparación previa a la visita de ventas. Gracias a una extensa preparación de nuestra investigación comercial, nuestro éxito estará más próximo que nunca. Fijémonos en la matriz de la Figura 9:

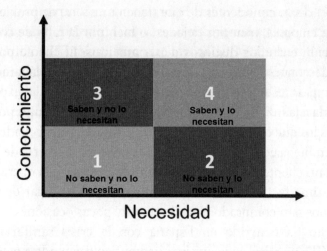

Figura 9

Hay una máxima en ventas que no podemos pasar por alto: «Sin necesidad no hay venta». Siguiendo con esta premisa, deberemos identificar a aquellos que no lo necesitan de verdad, tienen el conocimiento y el criterio suficientes para concluir que están cubiertos con su actual proveedor. No le dedicaremos más tiempo a este cliente, es el cuadrante 3. Si nos vamos al cuadrante 1, este cliente no tiene el conocimiento suficiente para concluir que no nos necesita, sin embargo, no valora lo que hemos venido a ofrecerle, ya que se encuentra satisfecho con su actual proveedor, con el que tiene una relación especial construida a lo largo de los años. Con este y con el del cuadrante 3 haré un seguimiento espaciado en el tiempo. Le enviaré de vez en cuando noticias del sector que le puedan interesar y novedades de mi empresa sobre aquellos puntos de mejora que detectamos en su día. Ahora nos trasladamos al cuadrante en el que se encuentran la mayoría de nuestros clientes potenciales: el 2.

Aquí no son conscientes de que tienen una serie de problemas en su empresa, bien por dejadez, o bien por la falta de comunicación entre los distintos departamentos. El cliente potencial desconoce la información sensible de la que hablábamos al principio y es nuestra labor como consultor comercial experto sacarla a la luz. En muy pocas ocasiones son los clientes potenciales los que contactan con nosotros. Estamos en el cuadrante 4. También sucede que, en ocasiones, tenemos la suerte de visitar a un cliente y, pasados unos minutos, se cierra la operación con suma facilidad. Podríamos afirmar que, en lugar de vender, nos han comprado. Sucede en muy pocas ocasiones.

Esto ha ocurrido en España con la crisis sanitaria del COVID-19, crisis en la que los clientes han colapsado a peticiones a sus empresas proveedoras y estas a su vez han colapsado a sus fabricantes. Estas tristes situaciones son muy excepcionales y muy difíciles de encontrar, con lo que lo más normal es que te toque esforzarte al máximo para persuadir a tu cliente potencial de que te necesita.

Una empresa con mucha experiencia en la investigación comercial digital es Toluna (*). Empezó su actividad hace más de veinte años y hoy en día es un referente en la investigación digital de mercados. Finalizaré este capítulo con una entrevista a su directora comercial para España y Portugal, Natacha Lerma . Antes de que llegue esta entrevista te hablaré un poco más sobre esta empresa mediante una serie de gráficos.

El primero nos muestra la trayectoria que ha seguido en los últimos veinte años, lejos queda aquel pequeño garaje francés donde empezó su singladura. Veamos Toluna en números en la figura 10:

(*) Toluna: https://www.tolunacorporate.com

Transformando la investigación de mercado ágil

TECNOLOGÍA	EXPERIENCIA	COMUNIDAD
25% Personal que trabaja en I + D y producto	1400+ Empleados	30m Panelistas
24/7 Acceso a los consumidores	26 Oficinas	70 Países
360° Vista de consumidores	19 Países	750 Variables de targeting
	13 Sectores	200+ Comunidades

toluna

Figura 10

Antes te hablaba de la enorme diferencia que existe entre la investigación de mercados tradicional y la digital, veámoslo reflejado en la figura 11:

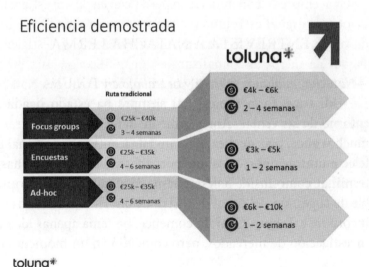

Eficiencia demostrada

toluna*

Ruta tradicional

Focus groups	€25k – €40k / 3 – 4 semanas	€4k – €6k / 2 – 4 semanas
Encuestas	€25k – €35k / 4 – 6 semanas	€3k – €5k / 1 – 2 semanas
Ad-hoc	€25k – €35k / 4 – 6 semanas	€6k – €10k / 1 – 2 semanas

toluna*

Figura 11

Como puedes comprobar, la ventaja de realizar la investigación comercial digital es enorme en términos económicos y en el tiempo necesario que debe transcurrir para obtener resultados. Las nuevas tecnologías unidas a una estrategia definida hacen de Toluna una empresa a tener en cuenta a la hora de dirigirse al mercado. Estudiarlo y adaptar nuestra oferta, no a lo que yo quiero vender, sino a lo que el mercado necesita, debería ser una obligación de toda empresa. La realidad, siempre según mi experiencia, refleja un excesivo optimismo en las marcas cuando lanzan sus productos: lo comunican al mercado y después esperan que este les compre porque ellos son los mejores. Ya alerta de ello el experto mundial en *marketing* Seth Godin, tal y como reza el encabezamiento de este capítulo. Estas empresas no segmentan porque piensan que todo el mercado es susceptible de ser cliente. En estos casos, muy abundantes, la cantidad de recursos empleados es ingente. Estos podrían haber sido utilizados en realizar una investigación comercial con una empresa de garantías.

ENTREVISTA A NATACHA LERMA

—*Natacha, háblanos sobre ti y tu trabajo en TOLUNA.*

—Mi trayectoria profesional siempre ha estado ligada al entorno de las ventas. Anteriormente había trabajado durante muchos años, más de diez, para un fabricante internacional de telecomunicaciones, pasando por diferentes funciones hasta terminar como *Inside Sales*[8], puesto en el que era la responsable de la gestión del canal de distribución. Hace ocho años me incorporé a Toluna. Cuando comencé, no tenía apenas idea de investigación de mercados, pero coincidió en un momento en

---

8   *Inside Sales*: ventas internas.

el que había empezado mi carrera de Sociología en la UNED. Pensé que sería una muy buena oportunidad para combinar formación y experiencia; así que, sin pensármelo dos veces, contesté a una oferta de trabajo e ingresé en la compañía.

Empecé desde la posición de *Account Executive*[9] (9), donde aprendes todo lo necesario para poder plantear un estudio de mercado.

Mi vocación y mi objetivo claro siempre había sido formar parte del equipo de ventas, así que trabajé duro para hacerme un hueco como responsable de cuentas. Los inicios no fueron nada fáciles, ya que Toluna apenas llevaba dos años con presencia comercial en el mercado español.

La investigación digital por aquel entonces era muy poco habitual y las compañías y agencias no habían adoptado esta metodología como algo normal. Nos encontramos con muchas barreras: desconocimiento, desconfianza, etc.

Veinte años después, puedo afirmar que la barrera digital ya la hemos salvado. Somos líderes a nivel mundial en investigación digital y en *Agile Research*[10] (10). Las marcas nos conocen y nos demandan y desde el equipo de ventas estamos muy comprometidos y centrados en seguir ofreciendo el mejor servicio y solución a las marcas para hacer su día a día más fácil, competitivo y fiable.

—*¿Qué es Toluna?*

—Toluna es una agencia global líder en investigación digital de mercados. Es propietaria de paneles *on-line* de consumidores en setenta países con más de treinta millones de panelistas alrededor del mundo dispuestos a dar su opinión.

Actualmente tenemos veintiséis oficinas físicas repartidas en diecinueve países con más de 1.400 empleados. El volumen

---

9   *Account Executive*: Ejecutivo de Cuentas.
10   Investigación ágil de mercados.

anual de facturación mundial supera los doscientos millones de euros y somos los proveedores preferenciales para empresas de ámbito mundial como Procter & Gamble, Unilever, Reckitt Benckiser, Nestlé, Danone, Fiat, CocaCola, Colgate, Warner Bros, Amazon y muchos más.

—*¿Me puedes describir brevemente qué hacéis en la empresa?*

—Desde Toluna nos encargamos de ayudar a las marcas y compañías de cualquier sector (consumo, automoción, salud, seguros, banca, etc.) a obtener la opinión del consumidor respecto a aspectos decisivos para su negocio.

Dentro de los objetivos de una compañía podemos encontrar: conocer la imagen, conocimiento y notoriedad de la marca entre sus consumidores y compradores, conocer su posicionamiento en el mercado frente a los competidores, evaluar si un nuevo producto o servicio será bien acogido, aceptado y, sobre todo, comprado por los consumidores una vez lo hayan lanzado al mercado.

En una perspectiva más cualitativa, la marca puede necesitar conocer cuáles son los usos y actitudes de los consumidores/compradores respecto a una categoría o producto concreto.

Otra forma de ayudar a las marcas es a través del seguimiento digital, que realizamos a través de la aplicación de Toluna, de toda la actividad y navegación digital de los usuarios. Se puede realizar a través de diferentes dispositivos y ayuda a la marca a entender principalmente el potencial de su servicio de *e-commerce* frente a sus competidores, además de poder ser más eficaces en el establecimiento de palabras clave en buscadores. Además, con este sistema podremos recoger también toda la información de búsqueda del usuario. En resumen, Toluna ayuda a la marca a poner la voz del consumidor en el centro de sus decisiones estratégicas y de negocio.

—*¿Consideras que escuchamos lo suficiente al mercado? Para poder hacerlo con garantías de éxito, ¿me podrías enu-*

merar cuáles son las herramientas indispensables que debería emplear?

—Creo que, cada vez más, las compañías están más concienciadas de que es necesario escuchar al consumidor, no obstante, sigue quedando mucho camino por recorrer.

En cuanto a herramientas indispensables, comenzaré con la base de cualquier negocio: la investigación del mercado. Realizaría un estudio de posicionamiento y conocimiento de la marca para evaluar si la idea de negocio tiene viabilidad, con qué barreras se van a enfrentar, etc.

Una vez hecho esto, se pueden utilizar otras herramientas para entender qué sabe, qué opina y qué habla el consumidor sobre nuestra marca o categoría. Existen herramientas de escucha social y de seguimiento digital que ayudan a recabar toda esta información.

Por último, aconsejaría a cualquier compañía/marca que disponga de una herramienta o estudio de seguimiento para entender si está trabajando en la dirección correcta y si los esfuerzos comerciales, de comunicación y de publicidad están resultando útiles.

—¿Qué ventajas tiene la investigación de mercados digital en comparación con la tradicional? ¿Es más fiable?

—Las principales ventajas de la investigación digital a día de hoy son, por un lado, la rapidez de acceso a los consumidores y, por el otro, la facilidad de llevar a cabo un estudio de mercado. Además de esto, a nivel económico la metodología digital requiere, en la mayoría de las ocasiones, menos inversión o bien te permite realizar estudios de mayor envergadura con el mismo presupuesto. Esto significa que la marca es capaz de optimizar y/o maximizar su presupuesto como gran ventaja.

Existen organizaciones globales como ESOMAR y MRS y también nacionales como Insights & Analytics que se encargan de establecer las directrices y buenas prácticas de la investigación de mercados *on-line*. En concreto Toluna pertenece a ESOMAR. Esta organización se encarga de verificar mediante una serie de procedimientos la calidad de los paneles así como de la buena gestión, mantenimiento e incentivación de estos. Se realiza de forma periódica para confirmar que Toluna dispone de paneles de calidad.

Adicionalmente, y pensando también en la protección y regulación de datos, disponemos de un *Data Privacy Officer* que, junto con nuestro gabinete legal, se encarga de controlar, regular y guiar a toda la compañía en el cumplimiento de la legalidad en este aspecto.

—*El otro día conversaba con un formador en ventas de una escuela de negocios sobre la investigación que se debe realizar antes de lanzar un producto al mercado. En este punto, ¿cuál es el porcentaje de implementación de herramientas de investigación de mercado en las empresas españolas? ¿Realizamos segmentación? ¿Es cierto que no hay muchas empresas grandes que utilizan herramientas que les permitan conocer mejor al mercado?*

—Diría que al menos el 50 % o 60 % de las compañías en España realiza investigación de mercado de una forma u otra. Es cierto que existen todavía muchas empresas que realizan investigación de una forma muy, vamos a decir, rudimentaria, e incluso que solo realizan investigación con sus propios clientes. Esta no es una mala forma de realizar investigación, pero es incompleta, ya que para entender bien tus debilidades y fortalezas necesitas hablar también con aquellos que no son tus clientes.

En cuanto a la segmentación, es cierto que las marcas saben claramente quién es su cliente objetivo, pero observamos que no siempre se dirigen correctamente a él.

En cuanto a la implementación de herramientas, como comentaba anteriormente, existen bastantes compañías que utilizan medios propios bastante básicos que les permiten salir del paso. No obstante, estamos observando cada vez más que estas empresas empiezan a buscar nuevas maneras más eficaces y avanzadas de investigar.

Las grandes empresas están siendo las primeras en internalizar los procesos de investigación con herrramientas más avanzadas como, entre otras, la nuestra; esto permite a la marca hablar en tiempo real con los consumidores y obtener datos fiables y rápidos para dar respuesta al mercado en el tiempo adecuado. Son cada vez más las compañías globales que acuden a Toluna para disponer de estas soluciones para integrarlas en su día a día.

—*En el fabuloso TED de 2004, Malcolm Gladwell muestra cómo, en los años ochenta, las empresas de alimentación conocían los gustos del mercado mediante los grupos focales. Eran grupos reducidos de personas a los que les mostraban los productos para que los cataran y valoraran. Lo estuvieron haciendo hasta que Howard Moskowitz revolucionó el mercado. Su salto a la fama ocurrió cuando elaboró diferentes salsas de tomate para después llenar auditorios enteros para catarlas. Así dispondría de muchos más datos con los que conocer mejor al mercado estadounidense. En aquella época, se pensaba que solo había una salsa de tomate, la tradicional italiana, pero Howard demostró que el pueblo norteamericano tenía gustos muy variados y que Sopas Campbell debía satisfacerlos. Se hizo con el mercado en un tiempo récord. ¿Qué similitudes tienen con las Comunidades Toluna? ¿Cómo obtenéis los datos? ¿Qué ventajas tiene una comunidad digital frente al tradicional panel presencial?*

—Conozco el revolucionario trabajo de Howard Moskowitz y las conclusiones que se extrajeron. Estas supusieron una ruptura con los paradigmas bajo los cuales se habían guiado las empresas de investigación comercial de la época. Se dieron cuenta de que necesitaban comunidades mucho más grandes que los reducidos grupos focales con los que trabajaban. Apuntaron una necesidad que todavía no tenía una empresa que lo solucionara.

Las Comunidades Toluna están pensadas para conocer al consumidor/usuario en profundidad. Para ello, buscamos la creación de grupos del perfil objetivo con diferentes patrones que nos puedan aportar diferentes visiones y criterios respecto a nuestro público objetivo. Hablamos con ellos de forma virtual, a través de un entorno amigable tipo chat donde les formulamos cuestiones y preguntas para que ellos nos den su opinión. También hacemos entrevistas en profundidad para obtener datos mucho más concisos, esta metodología también aporta un acercamiento más personal y humano con el entrevistado.

Las ventajas de las comunidades *on-line* frente al método tradicional son similares a las que tiene la metodología cuantitativa. Te permite tener grupos más grandes (en lugar de ocho que se suelen hacer en presencial, podemos tener hasta veinte o treinta personas), con mayor dispersión geográfica y además su reclutamiento, al realizarse a través de nuestro panel, es claramente mucho más rápido que una captación tradicional. El tiempo de realización de una investigación cualitativa *on-line* con Toluna es de siete a diez días frente a las tres semanas a las que nos vamos como mínimo en una investigación tradicional.

—*¿Hasta qué punto es importante para una empresa conocer a su potencial consumidor? ¿Cómo lo hacéis en Toluna?*

—Es imprescindible y primordial para una compañía conocer a su potencial cliente y a su actual consumidor. Es la única forma de ser competitivo y poder actuar a la velocidad con la que lo hace el mercado. Si eres capaz de conocer los gustos, necesidades e inquietudes de tu perfil objetivo serás capaz de crear productos o servicios adaptados a ellos y, por ende, de aumentar las ventas de la compañía de forma exponencial.

El equipo comercial de Toluna realiza un exhaustivo análisis del mercado dividido en los sectores objetivo de nuestro negocio. Lo primero que hacemos es analizar el potencial de negocio de las compañías a las que queremos dirigirnos y evaluar cómo nuestra ayuda podría hacerles aumentar su volumen de ventas.

Es primordial en nuestra labor la búsqueda de información relacionada con el potencial cliente al que queremos alcanzar. Por ello buceamos a fondo en su web para conocer con detalle sus categorías, sus marcas, etc. También es importante conocer el posicionamiento del cliente frente a sus competidores, así como quiénes son estos. Es importante entender las diferencias, ventajas y debilidades de cada uno de ellos.

Y una vez hecho esto, con toda la información analizada y estudiada, estaremos en condiciones de acercarnos a nuestro potencial cliente para, desde nuestro conocimiento, ofrecerle nuestro servicio de ayuda en los puntos débiles de su negocio con el objetivo, como comentaba antes, de ayudarles a tomar decisiones de negocio acertadas y rentables.

—*¿Deben las empresas mirar más hacia afuera que hacia adentro? ¿No están más centradas en sus productos y bondades en lugar de pensar en cómo esos productos benefician al consumidor? ¿No existe un exceso de ego empresarial?*

—Desde mi experiencia, puedo decirte que existe un poco de todo. Me he encontrado con empresas de reconocido prestigio y alto nivel que nos han afirmado que no realizan ninguna investigación porque no la necesitan ya que consideran que son los mejores en lo suyo... Esto parece mentira pero es real, ¡todavía ocurre!

Sin embargo, la gran mayoría de los clientes con los que trabajamos están cada vez más concienciados de la importancia del *Customer Centric*[11] (11) y están educando a sus equipos comerciales y de *marketing* a no tomar una decisión que no sea contrastada y testada con el consumidor previamente.

—*¿Qué tienen en común las herramientas de inteligencia estratégica y competitiva con las que ofrece tu empresa?*

—El principal objetivo de estas herramientas, así como de la nuestra, es el conocimiento. Todas obtienen datos que facilitan el análisis de la información para tomar decisiones estratégicas de negocio. Otra ventaja es la accesibilidad a la información. Trabajamos en tiempo real y tomamos decisiones prácticamente de igual forma. Por ello, los equipos de *Business Intelligence*[12] de las compañías buscan herramientas y plataformas SaaS[13] que sean capaces de darles respuestas inmediatas.

La inteligencia competitiva no es en sí un análisis del mercado, sino que es una investigación en la que se identifican hechos y evidencias valiosas para la competitividad de la organización a través de la opinión del consumidor o comprador. Posteriormente, se determinan acciones a seguir a partir de la detección de los movimientos estratégicos, presentes o futuros, del entorno.

—*¿Hacia dónde se dirige el mercado de la investigación comercial?*

—El 57 % de la población mundial ya tiene acceso a Internet y el crecimiento anual desde el año pasado ha sido de un 7%. Esto nos hace pensar que cada vez habrá más gente conectada, ya sea a través de un *smartphone* o bien de un ordenador personal.

El tiempo medio de uso de Internet a día de hoy es de 6

---

11 *Customer Centric*: Gestión empresarial con el cliente como el centro de sus decisiones estratégicas.

12 *Business Intelligence*: Empleo de datos masivos sobre la empresa para tomar decisiones estratégicas.

13 Plataformas Saas: Software como servicio en que la información es compartida por una compañía o proveedor a través de Internet.

horas y 43 minutos, es decir, pasamos un 25 % de nuestro día conectados a Internet y a las redes. Con todos estos datos, solo puedo afirmar que el futuro de la investigación es digital y que, en un futuro no muy lejano, no se concebirá la realización de la investigación de otra manera.

Considero que los productos y servicios nacen para satisfacer a un mercado específico, no para vanagloriarnos de lo buenos que somos. Pensar que el mercado es infinito y que puedo vender en todos los lugares, sectores, edades y sexos es propio de una mente demasiado optimista, perezosa a la hora de segmentar y en peligro de desperdiciar recursos que quizás no tenga ni nunca vuelvan.

CONSEJOS

Si quieres tener éxito en la aplicación del *Método Sell it* deberás obtener toda la información posible sobre el mercado y el cliente al que te vas a dirigir. Es una señal de empatía hacia él que posteriormente agradecerá cuando compruebe que te has interesado por su negocio, que te has interesado no en venderle, sino en ayudarle. Se sentirá obligado,ley de la reciprocidad, a devolverte el gesto interesándose por lo que has venido a contarle.

Metodologías y empresas hay muchas, elige bien, pero hazlo, lo contrario es sumamente peligroso. La información es poder, utilízalo.

Capítulo 3
Adaptación

Las personas más eficaces son aquellas cuyo mapa
expandido del mundo les permite percibir el mayor
número posible de posibilidades y perspectivas.
Robert Dilts

MODELO DISC

Muchos han sido los pensadores que, desde la antigua Grecia, han estudiado el comportamiento humano: Empedocles e Hipócrates lo hicieron antes de Cristo. Tuvieron que transcurrir casi dos mil años para que Carl Jung, ya en el siglo XX, entrara en escena. Todos ellos clasificaron la conducta humana en cada uno de los cuatro perfiles que describo en la figura 12. Es cortesía de Disc Factory (*) con quienes he obtenido el título de Experto en DISC y la última certificación llamada Analista Conductual. Gracias a Juan Daniel Pérez, que ha sido mi exce-

(*) https://www.discfactory.es/

lente formador, al que realizo una entrevista en este capítulo y con el que colaboro en varios proyectos.

William Marston, bajo la influencia de Jung, publicó su teoría DISC en 1928 en su primer libro titulado *Emotions of normal people*. La teoría DISC fue el primer acercamiento de la psicología al campo del comportamiento como el más fiel reflejo del pensamiento humano.

Hagamos un poco de historia en la figura 12:

Figura 12

El DISC explica cómo invierten las personas su energía en su comportamiento. Es decir, nos explica cómo tengo que dirigirme a cada uno de los cuatro perfiles que Marston estableció para poder conseguir sintonía con mi cliente. Sin *rapport* no puedes proseguir tu visita de ventas. Conocí esta herramienta en 1998 y te puedo asegurar que es la más potente de cuantas he conocido en mi vida.

Si soy capaz de adaptarme a la manera de comportarse de mi cliente, si vibro en su misma frecuencia y me comunico con él de la manera que él quiere que lo haga, habré puesto el primer peldaño en la construcción de una relación de confianza. Este será el primer paso que deberé dar si quiero conseguir el cierre. Ningún método de los que he estudiado se ha preocupado por integrar esta fase tan importante en una visita de ventas. Infinidad de vendedores a los que entreno no pueden resistir la tentación de lanzarse a hablar de su producto o su servicio nada más empezar su visita, sin invertir ningún tiempo en generar sintonía con el cliente. Si no conseguimos adaptarnos al estilo de comunicación del comprador que tengo delante, todo lo que digamos no servirá de nada. La barrera «anti-vendedores» de nuestro cliente seguirá levantada, su grado de apertura hacia lo que le voy a decir será mínimo y el resultado será el de una visita más sin vender. No solo no habremos vendido, sino que habremos generado una imagen de vendedor egoísta que solo piensa en sí mismo, en hablar de su producto y poco del cliente y sus necesidades. Una mala imagen es muy difícil de levantar y, como el mercado no es infinito, no quemes todo bajo tus pies ya que puede que no vuelva a crecer la hierba tras tus torpes pasos.

Veamos las características de los cuatro perfiles descritos por Marston, cada uno de los cuales lleva asociado un color que responde a su vez a rasgos característicos de la conducta de cada uno de ellos. Te lo muestro en la figura 13:

Figura 13

Cada uno de estos cuatro perfiles tiene unos motores de conducta concretos y deberemos conocer estos resortes para poder venderles:

D (DOMINANCIA):

- Voz: fuerte, ritmo rápido.

- Lenguaje corporal: mantener la distancia, dar la mano con energía, mantener contacto visual, no retroceder cuando se inclina hacia nosotros, gesticulación firme.

- Palabras que funcionan: ganar, liderar, reto, resultados.

- Consejos ser específicos e ir al tema directamente. Asegurarnos de dejarle ganar.

I (INFLUENCIA):

- Voz: entusiasta, ritmo rápido y no lineal.

- Lenguaje corporal: utilizar el contacto físico, mantenerse relajado, usar el sentido del humor, contacto visual amistoso.

- Palabras que funcionan: emoción, siento, diversión, verán qué experiencia.

- Consejos crear clima amigable, no tratar demasiados detalles, dejarle hablar, permitirle socializar, no ir directamente al tema.

S (SERENIDAD):

- Voz: cálida, calmada, suave con tono bajo.

- Lenguaje corporal: relajado, hacia atrás, pocos gestos, contacto visual amistoso.

- Palabras que funcionan: paso a paso, garantizado, ayúdame, juntos, bien común, entorno y seguridad.

- Consejos respetar sus silencios y ritmo, escucharle con atención, hacerle preguntas abiertas para que intervenga.

C (CUMPLIMIENTO):

- Voz: controlada, amable, poca modulación, ritmo lento y metódico.

- Lenguaje corporal: mantener la distancia, postura firme, contacto directo con los ojos y pocos gestos.

- Palabras que funcionan: datos objetivos, probado, sin riesgo, garantizado.

- Consejos preparar los temas con antelación, ser preciso, apoyarnos en datos y estadísticas, no hablar sobre temas banales.

La herramienta DISC nos enseña cómo nos tenemos que comportar según la persona que tenemos delante, nos enseña a gustar a nuestro cliente y a que se sienta confiado y relajado con nosotros. Llevo desde el año 1998 aplicando esta herramienta y te puedo asegurar que sus resultados son excepcionales.

Cuando estés delante de un «I» no le des demasiada información porque si lo haces, lo perderás en los primeros dos minutos, tiene que ser una conversación que se inicie hablando de aspectos personales que nada tienen que ver con el objeto de nuestra visita, le gusta tocar y hacer cosas nuevas, no le gusta repetir y está siempre soñando con nuevos retos, es muy bromista y muy optimista, es el alma de las fiestas y, de hecho, es quien las organiza, es vital y habla con energía, voz alta, gesticula y su ritmo es muy rápido. Sonríe con mucha frecuencia.

Si estás con un «D» verás que en su despacho hay muchos logros suyos, foto del equipo en el que él siempre ocupa una situación predominante, te da la mano con tanta fuerza que parece que te va a destrozar los metatarsos, (estoy exagerando los perfiles para que los identifiques con mayor claridad), es enérgico hablando y suele abusar del contacto visual, les gusta ir al grano y no irse por las ramas, si le prometes algo lo deberás cumplir, le gusta ganar y rodearse de ganadores, suele presumir y tiene facilidad de relación. Su postura es firme y habla rápido. Suele señalar para demostrar su autoridad. Le gusta inclinarse hacia ti e invadir tu distancia de seguridad. Es muy competitivo y tienes que asegurarte de dejarle ganar.

Imagina que has quedado con un «S», te dejará hablar sin interrumpirte ya que rehúye el conflicto y si no has conseguido que exprese sus preocupaciones saldrás de la visita con un «me lo pensaré». Habrás invertido un tiempo valioso que no volverá, al igual que una futura oportunidad con ese cliente. Las personas de este perfil están fuertemente orientadas al trabajo en equipo, se desviven por los demás y dejan de hacer su trabajo para ayudarles. Son los perfiles que encajan perfectamente con los puestos de atención al cliente o los que trabajan en una ONG por citar dos ejemplos. Les importa mucho el clima laboral y este se convertirá en motivo de huida si no lo cuidas. Es un perfil al que le encanta escuchar, es de pocas palabras. A su vez es el que mayor confianza despierta y al que todo el mundo le confiesa sus secretos. Estos nunca serían confiados a un perfil «I».

El último perfil es el «C», es el cumplidor de normas. Le cuesta mucho relacionarse con las personas y le gusta tener sus espacios privados. Odian las *open office* (oficinas abiertas) tan de moda actualmente. Les cuesta mucho tomar las decisiones, al igual que los «S» y para hacerlo te demandan mucha información. Si te piden dos tomos de datos, tú sorpréndele y entrégale cuatro. Necesitan la seguridad que le dan los datos y las estadísticas. Son los que se esconden en una fiesta ya que rehúyen los grupos numerosos. Son los clásicos ingenieros, ingenieros informáticos, responsables de calidad, etc.

Te muestro a continuación el cuadro de tensiones de los cuatro perfiles en la Figura 14:

En esta figura tienes mucha información, por un lado, verás cuáles son los perfiles opuestos. Son aquellos que se comportan muy diferentemente a nosotros y con los que mayor esfuerzo tendremos que realizar para adaptarnos a ellos en la visita de ventas. También te proporciona información sobre el ritmo a la hora de tomar las decisiones (lento y rápido), las tensiones de prioridades que nos marcan nuestra orientación laboral, bien sea hacia las tareas o las personas. Así pues, tenemos al «I» orientado hacia las metas y las personas, el «S» hacia las personas y los procesos, el «C» orientado hacia los procesos y las tareas y el «D» orientado hacia las tareas y las metas.

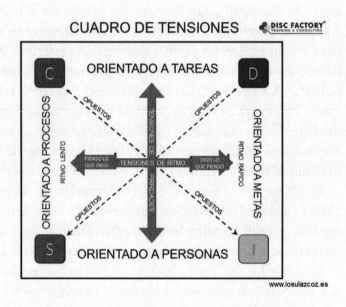

Figura 14

En mis talleres desarrollo toda la metodología DISC en módulos de doce horas, con dinámicas individuales y de grupo y test diagnósticos oficiales por People Performance International validado por el International Disc Institute.

Para no extenderme mucho más, te diré que también trazo un mapa de estilos conductuales de tu equipo de ventas para que sepamos si el estilo natural de cada miembro está cerca o lejos de su estilo adaptado a su trabajo. En el caso de estar cerca, la energía invertida en su labor de ventas es poca, por el contrario, si el estilo adaptado se encuentra muy lejos de su estilo natural, la energía a invertir es mucha, por lo que si no lo tenemos en cuenta la rotación comercial estará servida. Visualizar el estilo conductual de mi equipo en un mapa nos ayuda a configurar las tareas que distribuiré entre cada miembro, así como las ayudas que podrán establecerse entre los distintos componentes de tu equipo de ventas. También se emplea el DISC en selección de vendedores, directores comerciales y jefes de venta. Las posibilidades son enormes y podemos combinarlo con competencias transversales. El resultado es que los objetivos logrados por tu equipo se dispararán. Imagínate que aparte de reforzar al equipo le enseñamos a relacionarse y conseguir sintonía con los clientes. El beneficio por lo tanto será doble.

La siguiente entrevista es a Juan Daniel Pérez (*), profesional con el que me certifiqué en 2017 en el Experto en DISC y en 2020 con el último nivel, el Analista Conductual. Ambos certificados fueron emitidos por el International Disc Institut, entidad que vela por la calidad de sus capacitaciones.

ENTREVISTA CON JUAN DANIEL PÉREZ

—*Llevo aplicando la Metodología DISC desde hace más de 25 años y puedo afirmar sin temor a equivocarme que es la herramienta de ventas más potente que jamás he conocido. Juan Daniel, para alguien que nunca haya oído hablar sobre ella, ¿qué es el DISC y de dónde procede?*

—Bueno, querido Iosu, lo primero, muchísimas gracias por darme la oportunidad de participar en tu maravillosa obra, es un placer. DISC fue la teoría que elaboró William Moulton Marston y que salió a la luz en 1928 en su libro *Emotions of normal people* que antes has mencionado. Esta obra fue la cul-

(*) Juan Daniel Pérez es socio director de DISC Factory*: https://discfactory.es/

minación de una tesis doctoral cuyo objetivo era «entender» qué es lo que hacemos las personas normales, es decir, por qué frente a una misma situación personas diferentes reaccionan de manera diferente. Marston quería saber si esto se podía medir o parametrizar, estaba convencido de inventar una nueva medida de energía mental. Fue el primer acercamiento de la naciente disciplina de la psicología a entornos no clínicos. Esta teoría posteriormente se convierte en una metodología y de allí deriva en una herramienta de diagnóstico muy difundida pero poco conocida en profundidad. El DISC explica cómo las personas reaccionan frente a un entorno y, en base a eso, cuáles son los comportamientos que van a mostrar y por qué los muestran. Lo interesante de ello es que hace que seamos *predecibles* y, como comprenderás, esto tiene múltiples ventajas en diversos campos.

Los cuatro factores predecibles del comportamiento que mide DISC, de ahí el acrónimo, son nuestro nivel de dominancia o de decisión (cómo nos enfrentamos a retos y desafíos), nuestro nivel de influencia o interacción (cómo nos relacionamos e interactuamos con los demás y con el entorno), el nivel de sumisión o serenidad (cómo respondemos ante el ritmo y los cambios en el entorno) y nuestro nivel de cumplimiento (cómo respondemos ante las normas y procedimientos preestablecidos). Depende de cómo se sienta la persona frente al entorno, y sobre cómo lo perciba consistentemente (favorable o desfavorable), esta mostrará más unos factores que otros. Esto es lo que vemos y escuchamos de la persona, es decir, su comportamiento (qué hago, qué digo, cómo lo hago y cómo lo digo). En este sentido, uno de los legados que nos deja DISC es que las personas somos diferentes, pero predeciblemente diferentes. Nos ayuda a saber qué motiva a las personas, cuáles son sus necesidades, qué palabras funcionan y cuáles no, entre otras muchas cosas.

—*¿Cuáles son sus aplicaciones en ventas? ¿Y fuera de este campo?*

—En la venta moderna, al igual que en el liderazgo, no existe el «café para todos», DISC en primer lugar es una herramienta de autoconocimiento y, en segundo lugar, de conocimiento de los demás. Nos permite ver el mundo tal y como lo ve nuestro cliente, saber qué le motiva, qué le gusta, sus necesidades, etc. De esa forma, podremos trazar una estrategia de comunicación interpersonal inteligente que nos acerque a nuestros objetivos. Dicho de otro modo, todos hemos crecido con la regla de oro, «trata a los demás como te gusta que te traten a ti», pero DISC nos enseña la regla de platino, «trata a los demás como les gusta ser tratados». Esto cambia dramáticamente los resultados de cualquier interacción humana. Tanto si quieres liderar, vender, persuadir o influir positivamente en los demás, no es lo mismo hacerlo desde tus preferencias, tu mapa mental o tus esquemas, que hacerlo desde el conocimiento del otro.

Para un perfil «D», por ejemplo, las palabras reto, ahora, desafío tienen un efecto movilizador, son además perfiles que toman decisiones arriesgadas, con lo cual, la estrategia del cierre de la venta no puede ser la misma que para un perfil totalmente opuesto como lo es el «S». Este valora los entornos estables y predecibles, con lo cual, para este perfil palabras como garantizado, paso a paso y frases de garantía personal van a funcionar a la perfección. Si a un «S» le dices esto va a suponer un reto, posiblemente salga huyendo de ahí.

Por el perfil conductual DISC de un cliente podemos saber a qué tipo de colores responde mejor, esto es muy útil si estás haciendo una presentación comercial de tu producto en un Power Point, PDF, etc.

Este mismo ejemplo se puede aplicar a múltiples campos, como la educación, el deporte, el *coaching*, equipos directivos, etc. DISC finalmente es una de las herramientas de comunicación interpersonal más poderosas que hay hoy en día.

—*¿Cuándo descubres la herramienta DISC y qué supuso para ti?*

—Yo la conocí hace unos doce años aproximadamente. Trabajaba en una multinacional y en selección usaban los test DISC. Me llamó poderosamente la atención la cantidad de información que podía aportar de un candidato y para mí lo más valioso era que nos indicaba qué podíamos esperar de una persona en un puesto determinado. También me gustaba saber el hecho de que no hay personas «perfectas», todos los perfiles tienen puntos fuertes y áreas de mejora, por lo que no hay perfiles mejores que otros, todos tienen posibilidad de éxito.

A partir de esa experiencia, y como soy muy escéptico, empecé a investigar, me empecé a formar y ya ves… me convertí en un apasionado del DISC.

Para mí ha supuesto dos cosas importantes: la primera, tener una poderosa metodología simple de explicar y aplicar y la segunda es disponer de una herramienta eficaz de diagnóstico para múltiples aspectos como selección de personal, *coaching* ejecutivo, desarrollo del talento y un largo etcétera.

—*Hablando sobre cómo puedo ayudar y motivar a mis vendedores, ¿cómo puedo hacerlo a través del análisis de su conducta? ¿Qué indicadores o alarmas debo tener en cuenta?*

—La motivación humana fue uno de los pilares de las investigaciones de Marston y el DISC guarda una estrecha relación con ellas. Partimos del hecho de que ni tú ni yo podemos motivar a nadie y también de que la motivación no es algo binario, blanco o negro, unos o ceros. Hay múltiples espectros en la motivación humana. Y como comentaba en las líneas anteriores, no podemos motivar a nadie, pero sí podemos crear el espacio adecuado para que una persona se sienta motivada, podemos ayudarle a que se auto regule para poder encontrar una motivación óptima (véase la teoría de la autodeterminación de Susan Fowler). En el caso del perfil DISC de una persona, habiéndolo contrastado con el test, podemos saber qué tipo de motivación o necesidad busca satisfacer, esto representa un punto de apoyo con el que poder ayudar al vendedor. Muchas veces las personas no son conscientes de qué es lo que les motiva.

En un principio, el perfil conductual de una persona busca satisfacer dos tipos de necesidades: o de reconocimiento, o de aceptación social. Estas necesidades son directamente factores motivadores.

Esto es importante porque hay empresas que para motivar a sus vendedores solo tienen la estrategia del palo y la zanahoria: primas, bonos, comisiones, etc. Esto está demostrado que no es una estrategia eficaz a largo plazo. Cuando la gente encuentra su porqué y entiende sus motivaciones, y la empresa también las toma en cuenta, el sentido de pertenencia, el compromiso y la motivación propia del vendedor aumentan considerablemente.

—*Me consta que en DISC Factory® realizáis mapas conductuales del equipo de ventas, ¿en qué le pueden ayudar al director comercial?*

—Nosotros trabajamos con un *software* representando a People Performance International, la empresa que desarrolla y comercializa el DISC más avanzado del mercado. A su vez es la plataforma de evaluaciones más completa y sencilla de usar. Esta herramienta informática permite hacer del DISC un poderoso aliado para tomar decisiones, puesto que tiene muchos complementos empresariales gratuitos para aprovechar al máximo la información que un perfil DISC te proporciona. Uno de ellos es el perfil objetivo puesto; es un mapa conductual que construimos según las necesidades y expectativas de comportamiento que tenemos de un puesto en cuestión que, en este caso, puede ser de un comercial. Y esto es importante porque nos hace reflexionar sobre lo que realmente necesita el puesto a nivel conductual. No es lo mismo un comercial orientado al objetivo a través de las tareas, donde el fin justifique los medios, a un comercial orientado al objetivo a través de las personas y que respete los procesos preestablecidos para llegar a las metas. Cuando se contrata personal esto no queda lo suficientemente claro. Con este complemento puedes crear ese perfil objetivo y, además, cotejarlo con el perfil DISC de esta persona.

Hoy en día puede haber en las empresas comerciales *hunters*[14] y *farmers*[15], depende de la estrategia comercial que sigas, del producto/servicio y de sus características de comportamiento. Estos condicionantes los deberás tener en cuenta en la selección de tus vendedores. Y no solo eso, sino que además podrás expresar claramente a tu equipo comercial cuáles son las expectativas de comportamiento que queremos para ese puesto. Un comercial en la compañía A no es igual que en la compañía B, incluso vendiendo el mismo producto.

—*Háblanos un poco sobre los proyectos que estáis desarrollando en DISC Factory®.*

—Bueno, nuestra visión de DISC Factory® es crear un universo de cuatro colores para todos los interesados en DISC en todos los campos. En ese sentido, actualmente cubrimos una primera parte importante que son las formaciones, certificaciones y especializaciones que se pueden hacer *in-company*[16],

---

14   *Hunters*: Se traduce como *cazadores*. En ventas se les llama así a los comerciales cuya función es conseguir clientes nuevos o conquistar zonas nuevas.

15   *Farmers*: Se traduce como *granjeros*. Su función es atender y fidelizar clientes, a la par que incrementar ventas de nuevos productos entre los clientes actuales.

16   In Company: Formaciones realizadas en la empresa.

presencial en abierto[17] u *on-line*, consultoría de Recursos Humanos, la venta y comercialización de evaluaciones y la difusión de la metodología a través de *masterclass* gratuitas, *webinars*, etc.

También hemos creado una gran comunidad de Analistas Conductuales certificados que provienen de diversas áreas, esto es muy enriquecedor ya que estamos en España, Latinoamérica y varios países de Europa. Yo he impartido formación en otros países y ha sido una experiencia maravillosa, DISC es como el *reggae*: allí donde va sienta bien.

Actualmente estamos desarrollando productos físicos innovadores que verán la luz a principios de 2021. Lanzaremos una serie de herramientas visuales como juegos, mapas, etc., para hacer todavía más dinámica y vivencial la experiencia de cualquier usuario. La idea es que esto ayude a otros a difundir DISC de una manera lúdica pero a la vez profesional.

—*¿Me puedes citar libros en los que figura la Metodología DISC para poder iniciarse en ella?*

—El libro de cabecera es *Alza el vuelo*, de Merrick Rossemberg y Daniel Silvert. El prólogo para la versión en español lo firma Ignacio Rubio Guisasola, una de las más grandes autoridades en DISC de habla hispana.

Préstame a tu Líder, de este servidor. Es un libro muy sencillo sobre un proceso de *coaching* real y hablo de DISC de una manera práctica e incluye descargables para poder utilizar.

Ciertamente en español hay muy poca bibliografía de DISC, casi todo está en inglés y no todos son fuentes fiables, hay mucha gente que ha escrito sobre el lenguaje de los colores y hay ideas de base bastante erradas, así que hay que tener cuidado con lo que consumimos.

---

17   En abierto: Formaciones para varias personas de diferentes empresas en el mismo sitio y hora.

—*En muchas ocasiones he comprobado que existen distintas formaciones y certificaciones en DISC, ¿me puedes comentar cuáles son los peligros que has detectado y cuáles son las entidades certificadoras con mayor fiabilidad?*

—Esto es un tema complejo y a la vez más que preocupante. Sucede con el DISC lo mismo que con otras cosas como el *coaching*, el liderazgo, etc. He presenciado formaciones en DISC que no tienen ni pies ni cabeza y eso es lamentable. DISC es una teoría validada científicamente y por tanto hay una base detrás que hay que conocer para no confundir a la gente. Por ejemplo, una de las confusiones más grandes y habituales es confundir DISC con personalidad y nada está más lejos de la realidad.

Existe el International DISC Institute, una entidad sin ánimo de lucro que vela por la calidad de las formaciones y de las evaluaciones DISC a nivel mundial. Ellos, a través de certificadores autorizados, dan una formación validada que consiste en dos niveles o sellos que permiten obtener un conocimiento profundo de la metodología DISC y de su aplicación en diversos campos. Asimismo, permite obtener el conocimiento necesario para poder hacer un uso profesional y de máxima calidad de las evaluaciones DISC en la selección, detección, adecuación y desarrollo del talento. También te informan sobre cuáles son los proveedores fiables de evaluaciones, porque no todo lo que vemos en el mercado tiene informe de fiabilidad y validez. Esto es muy importante si queremos ayudar a nuestro equipo de verdad.

—*En las formaciones a las que he asistido contigo he observado que existe una relación simbiótica entre la Metodología DISC y el coaching, ¿me puedes decir en qué consiste?*

—Sí, por supuesto, de hecho, acabo de lanzar una especialización en *coaching* conductual con DISC a petición de mis alumnos. DISC es una herramienta de diagnóstico que permite trabajar de forma medible aspectos conductuales, y el *coaching básicamente consiste en cambios conductuales, así que maridan perfectamente.*

Todo proceso de *coaching* tiene una fase de diagnóstico, una de intervención, fases de medición y cierre. DISC nos permite estructurar un proceso de *coaching* de forma inteligente y es una gran ayuda para el *coachee*[18] (18), para el *coach* y para la organización.

Además, ayuda a evitar tres errores muy recurrentes en el *coaching* que se traducen en pérdida de tiempo o en fracaso del proceso:

- Diagnóstico errado o de mala calidad.

- Falta de estructura del proceso.

- Falta de alineación de los objetivos del *coachee* y las expectativas de la organización.

Con DISC y los complementos que tenemos en nuestra plataforma, tales como los radares de competencias, perfil objetivo puesto y valores motivacionales, por citarte los principales, evitamos todo esto. Nos ayuda a hacer tangibles algunas cosas que a veces parecen intangibles. Y en ese sentido también se convierte en un aliado estratégico de los departamentos de Recursos Humanos, porque dan visibilidad a la contribución que ellos mismos tienen dentro de la organización.

Aquí tienes una *masterclass* gratuita de *Coaching* Conductual con DISC: https://replaywebinardisc.gr8.com/

—*En la gestión de equipos, ¿con qué otras metodologías ensambla bien la metodología DISC?*

—Al ser posiblemente una de las metodologías y herramientas más antiguas encaja bien con prácticamente todo. El 90% de los problemas de los equipos están en aspectos rela-

---

18   *Coachee*: es la persona que se somete a un proceso de *coaching*.

cionados con la comunicación. DISC permite crear un mapa con todos los perfiles de un equipo y de esa forma podemos ver la «geografía de su comunicación», para así poder entender dónde puede haber conflictos y cómo resolverlos.

Enlaza perfectamente con otras metodologías como los roles de equipo Belbin® también muy poderosos. Tiene una relación muy estrecha con las disfunciones de equipo de Lencioni, puesto que lo que subyace normalmente a la primera disfunción (ausencia de confianza), son problemas previos de comunicación, presunciones, prejuicios, creencias sobre otros o sobre el sistema. Y en todas mis sesiones de equipo, DISC juega un papel crucial. Si volvemos al principio, recordaremos que el DISC te permite trabajar el autoconocimiento para después hacerlo con el conocimiento de los demás. Posteriormente ofrece un marco de interrelación muy efectivo y fácil de entender. Aquí tienes una dinámica sencilla y gratuita si quieres aplicarla con tu equipo: https://guiaparausardisc.gr8.com/, la cual además lleva de regalo un curso de introducción a DISC.

—*Gracias, Juan Daniel, por tu tiempo y por la extraordinaria aportación que has hecho a esta obra. Te deseo todos los éxitos del mundo.*

—Gracias a ti, querido amigo, por darme la oportunidad de mostrar el maravilloso mundo DISC a todos los lectores. Un gran abrazo.

Seguimos con otra de las herramientas con las que trabajo en esta fase: la sintonía que debo obtener con mi cliente antes de empezar la visita de ventas. Tiene que ver con una faceta de la comunicación no muy trabajada en los equipos y que representa un factor determinante a la hora de apuntalar mi visita y mi relación con mi cliente. Es el trabajo del lenguaje no verbal y todo lo que este conlleva. Créame que esta parte incluye mucho contenido con el que trabajo con mis alumnos y en esta obra señalaré algunos aspectos que considero muy relevantes y que espero que te sirvan para reflexionar sobre tu desempeño en esta área tan importante en toda comunicación de ventas. Todo comunica y toda comunicación debe ser congruente, por lo tanto, lo que dices y cómo lo dices debe estar perfectamente alineado.

Lenguaje no verbal

En mis formaciones de ventas enseño dos metodologías de adaptación a la frecuencia de emisión de mi cliente, por un lado, está la metodología DISC de la que te he hablado y, por el otro, está todo lo que el lenguaje no verbal nos aporta.

En ventas todo comunica, cada acción que emprendamos genera sintonía o la rompe, por ello es muy importante cuidar los primeros instantes de nuestra visita de ventas. Qué decimos, cómo lo decimos y cómo acompañamos y alineamos nuestro cuerpo con nuestro mensaje generará confianza o rechazo. Este acercamiento o alejamiento hacia nuestro cliente se genera a través de microgestos que pasan inadvertidos y que son captados por el cerebro inconsciente de nuestro cliente. Por ello, debemos tener en cuenta muchos factores cuando realizamos nuestras acciones comerciales, a la par que dar la importancia que tiene a la comunicación no verbal. Tenemos que dominar cómo saludamos, nos sentamos y dónde y cómo puedo realizar un *rapport* (sintonía) postural e incluso a través de la respiración. El lenguaje verbal también tiene un peso importante, superior en ventas técnicas, en nuestras visitas de ventas, y deberemos enriquecerlo seleccionando palabras que trasladen mi mensaje de manera eficaz y que a la vez se adapten al perfil de cliente que tengo delante. Sin esta fase de adaptación, nada de lo que has venido a contar tendrá ningún sentido y habrás perdido cualquier opción de cerrar la operación.

Las ventas se dan cuando el acercamiento entre cliente y vendedor es máximo, se trata de reducir la distancia entre ambos. Es un trabajo al que deberás dedicarle tiempo y esfuerzo al inicio de tu visita de ventas, después, tu observación verbal y no verbal te indicará si has conseguido el *rapport* necesario o no para poder continuar con tu conversación o, por el contrario, si deberás volver a realizar esfuerzos para reconectar con tu cliente.

Antes de continuar os relataré una situación verídica que viví con uno de mis clientes al que estaba acompañando. Para ambos era la primera vez que visitábamos a esta gran empresa del sector industrial. Con presencia en varios países y más de 150 empleados. La directora de Recursos Humanos nos recibió en la sala de juntas. Nos sentamos y el vendedor conectó su ordenador a la pantalla de la sala de reuniones. Hasta ahí todo correcto. Tengo por costumbre no abordar directamente el contenido profesional de la visita, por lo que invierto el tiempo necesario para crear el clima propicio dentro del cual poder desarrollar con garantías mi presentación de ventas. No me gusta abusar de esta fase, y es muy frecuente encontrar comerciales que cuando le preguntan al cliente por el tiempo restante de la reunión y, después de haber hablado sobre lo humano y lo divino durante toda la visita, se dan cuenta de que han consumido todo su tiempo. Volvamos a la visita que realicé con mi vendedor. Esta fase inicial en la que yo genero conexión con mis clientes, él la malinterpretó cometiendo un error garrafal. Un brazo lo apoyó en la mesa mientras que con el otro abrazó la parte superior del respaldo de su silla adyacente. Es como si estuviera en el salón de su casa con cuatro amigos en una conversación mientras se tomaba unas cervezas. Nunca debes descuidar tu tono corporal ni tus gestos ya que, aunque no te des cuenta, el cliente te está evaluando continuamente. Cuando estás vendiendo, lo haces delante de un cliente, no de un amigo ni de un familiar. Nunca hay una segunda oportunidad para mejorar una mala impresión inicial. Esto se enseña en «primero de ventas».

Hay muchos aspectos básicos que no se enseñan y sin ellos nada de lo que hagamos después en la visita importa.

El ser humano interpreta el mundo según tres sistemas principalmente. Nuestro mapa se escribe con ellos. Tenemos dos que predominan en nosotros y todos utilizamos en mayor o menor medida los tres:

- Visual: estas personas filtran todo a través de la vista, emplean palabras relacionadas con este sentido. Sus recuerdos se asocian a este sentido.

- Auditivo: es el sentido del oído el que guía a estas personas.

- Kinestésico: relacionado con los sentidos del tacto y el olfato.

Más adelante, en el capítulo cinco, verás cómo la revista *Forbes* habla de los elementos que deben contener tus presentaciones para lograr el cambio en tu cliente y que, como comprobarás, están muy relacionados con el sistema VAK (Visual, Auditivo, Kinestésico).

El lenguaje no verbal y la metodología DISC están relacionados, tal y como indico en la siguiente figura 15.

Op es optimismo y el resto de las letras que figuran en cada uno de los tres bloques VAK son los perfiles DISC que hemos visto anteriormente. Así, tenemos que los perfiles «I» son muy visuales, al igual que los «D», también son muy optimistas y visualizan sus metas. Cuando quiero venderle a un auditivo deberé modular mi voz; bajar el volumen y la velocidad con la que hablo y emplear muy pocos gestos. Me adaptaré a ellos tanto presencialmente como si les estoy llamando por teléfono. El último bloque son los kinestésicos, a los que les seduce lo que les haces sentir en tu visita de ventas, el arte que tengas a la hora de hablar de tu producto o servicio y el lugar al que seas capaz de trasladarles con tu *storytelling* son elementos de gran importancia para ellos.

Estos tres perfiles los he relacionado con el DISC en base a mi experiencia y, por supuesto, debido a toda la formación que he recibido en los últimos veintidós años.

www.iosulazcoz.es

Figura 15

Los tres estilos se identifican también por ciertas palabras que emplean cada uno de ellos. Así, por ejemplo, un visual dirá: «Veo la solución». Un auditivo: «Suena muy bien lo que dices» y un kinestésico: «Estás arañando la superficie». Las palabras nos dan muchas pistas sobre el estilo de comunicación concreto de cada uno de los tres perfiles.

Hay otras pistas que se denominan accesos oculares. Estas técnicas se utilizan, entre otras muchas situaciones, en la detección de mentiras en la policía y otros cuerpos de seguridad. Cada uno de nosotros cuando pensamos o recordamos tenemos tendencia a mirar hacia arriba (visuales), en el plano de los ojos (auditivo) o hacia abajo (kinestésico). Después sabré según mire mi cliente hacia su izquierda o su derecha si este está recordando (izquierda) o mintiendo/recordando (derecha) en el caso de los auditivos y visuales, y si mira hacia abajo a la izquierda mi cliente está estableciendo un diálogo interno, mientras que si mira hacia abajo a la derecha está sintiendo cosas. Esta técnica por sí sola no tiene sentido si no se combina con otras que la validen. Los accesos oculares son válidos cuando se emplean de manera repetitiva por parte de tu cliente, no cuando los utilizan de manera aislada. Mirar hacia un lado solo es representativo cuando se repite con frecuencia, no podemos sacar conclusiones con un solo gesto.

Veamos para finalizar cómo tengo que dirigirme para venderles a cada uno de estos tres perfiles. Obviamente, es en mis formaciones donde desarrollo más extensamente todo el contenido hasta ahora tratado.

Veamos la figura 16:

Visual	❖ Imágenes ❖ Catálogos ❖ Vídeos ❖ Vestimenta ❖ Material de apoyo
Auditivo	➢ Sonidos ➢ Modulación voz ➢ Testimoniales ➢ Volumen bajo ➢ Velocidad baja
Kinestésico	✓ Sentidos ✓ Respiración ✓ Debe participar tocando, oliendo, probando

Figura 16

Lo importante no es cómo comunicas tú, sino cómo quiere tu cliente que te comuniques con él. Si no tienes en cuenta este paso tercero del *Método Sell it* nada de lo que tienes preparado para contar en tu visita servirá. Así que antes de empezar a hablar sobre tu producto o tu servicio deberás asegurarte que ambos vibráis en la misma frecuencia de onda. Invierte tu tiempo en esta fase, ten paciencia y no tengas prisa, verás como tus resultados se beneficiarán de ello.

Es preciso aislar a nuestro cliente del ruido, mental y físico, que predomina hoy en día para que nos preste la máxima atención y encaminar así nuestra reunión de ventas.

CONSEJOS

Antes de empezar la visita, invierte tiempo en generar confianza con tu cliente. Hasta que no sientas que está a gusto y relajado contigo no prosigas.

Si estás interesado en realizar el Test DISC oficial del International DISC Institute, escríbeme a ilazcoz@optitud.es.

Para iniciarte en el lenguaje no verbal te recomiendo estos libros:

- *Introducción a la PNL*, de Joseph O´ Connor y John Seymour. Editorial Urano.

- *De sapos a príncipes*, de Bandler y Grinder. Editorial Cuatro Vientos.

- *Cómo cambiar creencias con la PNL*, de Robert Dilts. Editorial Sirio.

- *La estructura de la magia* y *La estructura de la magia II*, de Bandler y Grinder. Editorial Cuatro Vientos.

Capítulo 4
Planteamiento general
/ Storytelling

La gente no compra bienes y servicios,
compra historias, magia y relaciones.
Seth Godin

En los tres primeros pasos nos hemos preparado mental y emocionalmente, hemos recopilado información general sobre los problemas no solucionados del sector en el que se encuentra la empresa a la que voy a visitar, incluso puede que haya sido capaz de recoger las necesidades no solucionadas de la propia empresa. Si todo esto acontece, estaré preparado con el suficiente material como para poder realizar una visita de ventas de primera. Todavía no he empezado a hablar de mi producto ni de mi servicio y, si he conseguido conectar con mi cliente, estaré preparado para empezar la bajada por el valle de la incomodidad.

Mi objetivo ahora es conseguir que la información sensible que se encuentra alojada en el fondo del valle, y que a menudo es desconocida para mi cliente, sea transmitida de la forma más vívida posible, de modo que genere inquietud y desasosiego en mi cliente. Aquí quiero trasladarle a un lugar que no le gusta y, para ello, utilizaremos el arte de hacer preguntas, así como técnicas de *storytelling*[19]. Huelga decir que no me estoy inventando nada, el cliente tiene los problemas que he venido a solucionar, no solo debemos hacerle pensar, sino también sentir, y el *storytelling* es un fiel aliado para conseguirlo. Es importante que sienta los problemas en su piel, que recapacite sobre su situación actual y su necesidad de cambio. Si no lo hago así, si no emociono a mi cliente, no generaré cambios bioquímicos en sus dos cerebros primitivos que lo impulsen al movimiento y lo acerquen hacia mí.

A los vendedores se nos ha enseñado a dirigirnos única y exclusivamente al cerebro racional. Este entiende el lenguaje digital de los números y las cifras. No se nos ha enseñado a dirigirnos a los cerebros primitivos que en un 95 % deciden las compras: los cerebros reptiliano y límbico. Estos solo entienden un lenguaje: el analógico, no el digital. Por un lado, los obviamos en nuestra comunicación, y por el otro, no sabemos cómo dirigirnos a ellos.

Llevo varios años comprobando lo siguiente: cuando en mis talleres saco a los vendedores a contar historias con su producto como trasfondo, tienen verdaderos problemas para hacerlo. No emplean ninguna técnica, ya que nunca han sido adiestrados en el arte de contar historias ni en el arte de la oratoria. Lo primero que hacen, y les resulta harto complicado resistirse, es hablar de su producto o su servicio sin haber creado previamente ninguna tensión narrativa. Si no creamos el suficiente interés en mi cliente, este hará como que nos escucha, pero su mente estará ausente.

---

19   *Storytelling*: es el arte de contar historias.

Nelson Mandela enunció esta frase:

No te dirijas a sus cerebros, dirígete a sus corazones.

Este paso cuarto del método está encaminado a estimular los cerebros primitivos que deciden en primer lugar para después ser refrendado por el cerebro racional. Estos entienden de emociones, no de razones.

No podemos hacerlo al revés. Las primeras impresiones y sensaciones sobre el vendedor, su valía y la conveniencia de escucharle se dan en los primeros segundos de la visita. Es nuestro cerebro reptiliano quien valora si somos una amenaza o no y si somos merecedores de su confianza. Por eso es muy importante ensayar lo que vamos a decir y cómo lo vamos a transmitir antes de estar delante del cliente. Sus cerebros antiguos procesan la información no verbal de manera ultrarápida, mucho antes de ser conscientes de estar haciéndolo.

Y aquí te dejo esta otra frase, pronunciada por Maya Angelou:

La gente olvidará lo que dijiste, lo que hiciste, pero nunca olvidará cómo les hiciste sentir.

Volvamos a la frase que encabeza este capítulo. La gente no compra tu producto sino las historias asociadas a él, compra el lugar al que le vas a llevar de viaje, hablo en sentido figurado, la gente compra la magia que eres capaz de crear y para conseguirlo debes aprender a contar historias. Los clientes piensan lo que van a ganar debido a la adquisición de tu producto o tu servicio y, para contárselo, deberemos atesorar algunas técnicas de *storytelling* que dominan los mejores contadores de historias del mundo, los mejores TED[20] (20) y los mejores actores.

---

20   TED: Conferencias de dieciocho minutos sobre tecnología, entretenimiento y diseño. www.ted.com

Antes de enumerarte una serie de técnicas de *storytelling* quiero hablarte de una escena de la película *Entre copas,* de 2004, en la que Paul Giamatti y Virginia Madsen emplean una de las técnicas más potentes a la hora de dirigirnos a los cerebros emocional y reptiliano: la metáfora. En la escena establecen una analogía entre la uva Pinot Noir y sus respectivas relaciones de pareja.

La citada escena tenía las siguientes connotaciones:

- En ese momento no se cultivaba la uva Pinot Noir en California.

- La citada uva es muy delicada (Paul también), no crece en cualquier sitio (Paul es único), el vino estaba en su pleno esplendor (la relación de Virginia era muy buena) hasta que el vino entra en declive (su relación se rompe).

- Los japoneses hicieron la misma película, solo que rompieron el «corazón» de la original al emplear la uva Cavernet Sauvignon que apenas necesita cuidados y crece en cualquier parte. Eliminaron la magia que la uva Pinot Noir confería a la historia, eliminaron de un plumazo la metáfora y toda la fuerza de la escena. ¿Cuál fue el resultado? Un rotundo fracaso.

Los efectos que tuvo esta película en el cultivo de la uva Pinot Noir en California fueron:

1. En el primer año se cultivaron 70.000 toneladas.

2. En el segundo año fueron 100.000 toneladas.

3. En el tercer año ascendieron a 250.000 toneladas.

Ahora bien, una única escena no provocó este cultivo masivo de esta uva como parece a tenor de la fuente donde lo leí, una vez más los vendedores hemos sido borrados de la ecuación, cuando estoy seguro que algo o mucho tuvieron que ver.

En el 2008 Jeremy Hsu, periodista de Nueva York, recopiló en su artículo *Los secretos del* storytelling: *¿por qué amamos una buena historia?* investigaciones que neurocientíficos y psicólogos habían realizado en los últimos años. Las conclusiones fueron las siguientes:

- El arte de contar historias es una de las pocas cosas que tenemos en común todos los seres humanos a lo largo de nuestra existencia. Los investigadores concluyen que ese comportamiento lo tenemos grabado en nuestros genes desde hace milenios.

- La narrativa es asimilada cuando es sentida.

- Las mejores historias se producen cuando se conectan las emociones a los personajes que los encarnan, es lo que los psicólogos llaman «transporte narrativo».

- La mayoría de los científicos están concluyendo que las historias son tan poderosas y universales que las raíces neurológicas, tanto de contar historias como de disfrutarlas, son partes fundamentales en la cognición social.

- En un estudio realizado en 2007 encontró que la audiencia respondió más positivamente a los anuncios que eran contados a través de historias que aquellos en los que se hablaba únicamente del producto en cuestión.

- Otros estudios demostraron que la información es mejor aceptada si se presenta en un formato de *storytelling* que si se presenta a través de datos y cifras.

Años más tarde, el profesor de la Stanford Graduate School Chip Heath hizo un experimento con sus alumnos referente a su capacidad de recordar información transcurrido un tiempo. Estos fueron sus resultados:

- El 63 % de sus alumnos la recordaron mejor si la información era transmitida a través de historias.

- El 5 % las recordaron a través de cifras y datos.

Hemos visto la importancia de contar historias que refuercen mi mensaje, las hemos escuchado desde tiempos pretéritos, son comunes a todas las culturas y resisten el paso del tiempo. Las historias han configurado en nuestros cerebros plásticos rutas sinápticas a lo largo de miles de años que son parte de nosotros y que tendemos a activar de manera natural. Los neurocientíficos han concluido que el cerebro humano adora las historias y, al igual que la risa es universal, las historias también lo son. Desterrarlas de tu discurso comercial le resta fuerza y eficacia. Las historias provocan emociones en el cerebro límbico de nuestros clientes, se produce entonces una activación neuronal que desemboca en una segregación de neurotransmisores en la hendidura sináptica. Se producen millones de sinapsis neuronales en nuestro cerebro que construyen rutas de pensamientos y emociones determinadas, las cuales acaban provocando decisiones y recuerdos. Si no soy capaz de generar emociones, no influiré en la mente de mi cliente. Teniendo en cuenta que las decisiones de compra se generan en un 95 % en nuestro inconsciente y, que de esa parte, un 85 % se toma en el cerebro emocional, es normal que concluyamos que si quiero vender deberé ser capaz de generar emociones y dirigirme a los centros de decisión del cerebro. Si quiero ser eficiente en mi visita deberé pulsar los tres cerebros.

Los atajos no existen y por mucha tecnología que vayamos implementado en los años venideros seguiremos teniendo, al igual que nuestros antepasados neardentales, dos cerebros primitivos que suman entre ambos setecientos millones de años, a los que tendremos que aprender a cortejar, si no lo hacemos, caeremos mal y no venderemos.

En ocasiones, realizo mentoría con alumnos brillantes, se saben la teoría incluso mejor que yo, incluso me discuten determinados aspectos, pero solo lo han aprendido a nivel cortical. Si el conocimiento no lo impregnas de emociones verdaderas, si no eres capaz de transmitir con toda tu alma, sonarás a máquina, no a ser humano. Recuerda, tal y como reflexioné en una de las citas de *El arte de vender*, que vender es el arte de relacionarse con seres humanos, no con máquinas. Si queremos conseguir resultados, deberemos ser cercanos, humanos y empatizar con mi cliente.

En el *Método Sell it* se generan emociones negativas en la fase descendente del valle y positivas en la ascendente. El motivo de generar primero las negativas es para captar la atención del cliente de forma mucho más poderosa y para generar tensión narrativa como lo hace una película de suspense. Una vez que quiera conocer cómo le vamos a ayudar, es cuando aparece nuestro héroe en escena, es nuestra solución. Todavía no ha llegado el momento de presentar al héroe de la película. Si regalamos la solución sin haber descendido por el valle, no la valorará igual que si le hacemos un recorrido por una serie de incomodidades que nuestro cliente no se ha planteado nunca y que reflejan un mal sobre el que no había reflexionado, son síntomas de un mal subyacente que puede herir de gravedad, valga la metáfora, a nuestro cliente. El cerebro humano adora las historias y la novedad, tal y como afirma el reputado neurocientífico A.K. Pradeep. Para que mi relato tenga potencia, lo deberé estructurar en torno a una secuencia de película: villano, problemas y héroe.

El objetivo de este paso es hacerle descender por el valle a mi cliente llevándole de viaje a un lugar que quizás no se haya planteado ir. Debemos hacerle sentir al cliente, debemos «tocar» su cerebro límbico para generar emociones. Sin emociones no hay movimiento y sin él no hay cambio. Si deseo que mi cliente potencial cambie de proveedor deberé cambiar su estatus de comodidad por otro en el que se plantee un cambio. Si quiero que venza su inercia a seguir igual, deberé producir la suficiente fuerza tractora para que se convierta en cliente mío. Esta fuerza la representan las historias bien contadas. Debo matizar que este relato está basado en hechos reales, constatados, tanto en el mercado al que conozco, como con los datos del cliente al que voy a visitar. El vendedor no debe inventarse situaciones ficticias con el único objetivo de vender sin importar si le ayuda o no al cliente. En este sentido, existen los vendedores profesionales y los vendedores fotocopia. También añadiría a los vendedores sin escrúpulos, pero en ningún caso representan lo que un vendedor profesional es.

Recuerdo que cuando empecé en las ventas a nivel profesional, allá por el año 1998, ya contaba historias para que me dieran cita. No era consciente, hasta que pasaron los años, de que ya empleaba técnicas de *storytelling* para conseguirlo. Les hacía descender a mis clientes industriales por el valle de la incomodidad y solo al final abría el maletín demostración. Según la PNL, la competencia inconsciente es el último paso en el aprendizaje humano. En esta fase lo hacemos todo automáticamente sin pensar en ello, es como conducir. También es igual de importante ser consciente de lo que haces inconscientemente para, de este modo, reproducirlo a voluntad.

Veamos entonces una serie de técnicas que te ayudarán a la hora de introducir tu producto en un vehículo de mucha potencia como lo son las historias.

TÉCNICAS DE *STORYTELLING*:

1. Metáfora: cuando comparo dos elementos, cada uno de ellos se enriquece con los atributos del otro. Sin metáforas es como ver una película en blanco y negro, mientras que si las utilizas es cuando la ves a todo color. Veamos la figura 17:

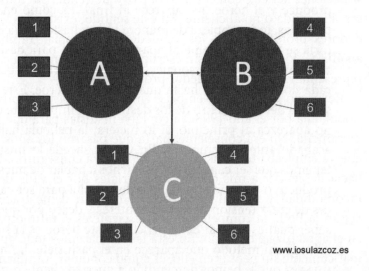

www.iosulazcoz.es

Figura 17

Cuando utilizamos la metáfora, el producto resultante (C) se enriquece con los atributos de los elementos comparados (A y B). Al hacerlo, los atributos de cada uno de ellos (1, 2, 3 en el elemento A, y 4, 5, 6 en el B) se transfieren a C, con lo que se enriquece el producto resultante e impacta de manera mucho más poderosa en el cerebro que toma las decisiones de compra.

2. Elementos comunes: utiliza historias comunes con el cliente al que va a visitar, bien sean personales o bien profesionales. Esta técnica estrecha los lazos entre ambos.

3. Historias personales: te acercan al *rapport* con el cliente. Nos gusta tratar con seres humanos, con lo que humanizar nuestra visita de ventas es una muy buena decisión.

4. Estructura: la más común es la presente en mi método, es la del villano que aparece al principio, los problemas que produce y el héroe que aparece al final. Es como en las películas, todo empieza de manera idílica hasta que la historia se trunca de golpe al aparecer el malo para destrozar a uno o varios personajes. La tensión narrativa generada nos ata al sillón hasta que aparece el héroe. Este los salvará del más oscuro de los destinos. Es importante que no aparezca al principio, si lo hiciera, la película habría acabado antes de empezar. En ventas sucede lo mismo, tenemos que ser capaces de resistirnos a hablar de nuestro producto o servicio al principio de la visita para ser capaces de crear tensión narrativa e interés y deseo por querer saber cuál es el final de la película. Este héroe es la solución de mi método que aparece en el paso siete. Lo hace una vez que le hemos descendido a nuestro cliente por un valle de emociones negativas que fijen bien el mensaje y la necesidad de un cambio.

   He de señalar que las emociones negativas que persigo son de baja energía como por ejemplo la incomodidad, preocupación, desasosiego, picor. No busco las de alta energía como el enfado, crispación, ira, ansiedad y estrés.

5. Atendiendo a la retórica aristotélica y siguiendo los mejores discursos de la historia, todos tienen en común lo siguiente: debes hablar un 10 % de tu producto, un 68 % sobre emociones y un 22 % como máximo de datos y

cifras. Si queremos conectar con el cliente no deberé abusar del *ethos* (mi producto y yo) o del *logos* (datos y cifras), ya que estaré creando distancia entre el cliente y mi persona. Si me encumbro muy por encima de él, genero distancia, y si lo sepulto con datos, mi cliente desconectará y estaré más cerca del fracaso que del éxito comercial. La sabiduría es la que me guiará en los porcentajes a utilizar en función del tipo de venta y del momento en el que se desarrolle esta visita. Cuando ya he realizado varias visitas a mi cliente y he obtenido información sobre su negocio, llega un momento en el que lo ensamblo todo con el *data storytelling* que veremos en el paso quinto del método, en el que aportaré todas las cifras y datos sobre el cliente que he recopilado fruto de mi investigación comercial realizada en el paso dos.

6. Humor: ayuda a crear un clima distendido que facilita el desarrollo de la visita creando una sintonía y complicidad muy beneficiosas. Relaja la tensión comercial y consigue que el cliente se abra más a lo que hemos venido a contarle. Si no tienes esta virtud del carácter entre tus haberes, mejor no intentes aplicarla, ya que producirá el efecto contrario al deseado.

Estas y veinticinco técnicas más, acompañadas de múltiples ejercicios, las trato en mis seminarios con mis alumnos. El disfrute es muy grande y, lo más importante es la reflexión que hacen sobre la necesidad que tienen de implementar técnicas de *storytelling* en sus discursos de venta. En este sentido SAP, empresa con un sistema de gestión de clientes, tienen la figura del CSO, *Chief Storytelling Officer*, es decir, un responsable de las historias que cuentan a sus clientes los 65 000 profesionales de las ventas que están distribuidos por todo el mundo. Julie Roehm es la responsable de trasladar las bondades de sus productos y servicios a través de las historias. También es la responsable de *marketing* y de la experiencia de los usuarios. Vemos que las historias están al mismo nivel que el *marketing* en SAP. Debemos darles en las empresas la importancia que tienen creando discursos y registrándolos.

Dentro de tu empresa pregúntate:

- ¿Cuál es el relato fundacional de tu empresa? ¿Lo transmites a tus vendedores? ¿Es importante para ti?

- ¿Son adiestrados tus vendedores en el arte de contar historias?

- ¿En qué eres diferente? ¿En qué soporte/s lo cuentas?

PREGUNTAS QUE VENDEN

Dentro de este paso cuatro y con el objetivo de conseguir que el cliente reflexione sobre su situación actual está el arte de hacer preguntas. Existen multitud de tipos diferentes y, antes de empezar a formularlas, quiero plantearte una serie de recomendaciones:

- Pídele permiso al cliente antes de empezar a hacerlas.

- Hazle las preguntas cuya información no hayas podido obtener por otros medios.

- Un exceso de ellas puede crispar al cliente y acabar con la visita.

- No las hagas todas a la vez, intercálalas a lo largo de tu reunión. De este modo será todo más suave y con menor tensión.

- Selecciona las preguntas antes de realizar la visita. Prepárate todo con antelación.

- Deben hacerle reflexionar al cliente, y este no debe saber responderlas sin antes reflexionar.

- Deben estar enfocadas a generar tensión narrativa, a conseguir que el cliente nos vea imprescindibles en la solución de sus problemas.

- Deben generar utilidad para nosotros: hacerlas por hacer no te beneficia.

- Deben de estar alineadas con la solución que tú has venido a ofrecer y que todavía no hemos explicitado.

De todos los tipos de preguntas que existen, abiertas, cerradas, reflexivas, de posicionamiento, etc., me centraré en las del modelo de *Spin Selling* de Neil Rackham que muestro en la figura 18:

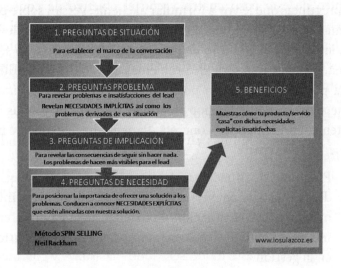

Figura 18

El objetivo de estas preguntas es conseguir que sea el propio cliente el que te venda la solución que tú has venido a ofrecerle. Se trata, por medio de estas cinco preguntas, de hacer que el cliente visualice los problemas que padece e incluso que los cuantifique a nivel económico. Conseguiremos enseñarle cuál es el coste de no hacer nada y de seguir igual. Iremos conduciendo al cliente por el valle de la incomodidad a través de las técnicas de *storytelling* antes citadas y las preguntas orientadas.

Antes de explicar en qué consisten estas preguntas del *Método Spin Selling*, permíteme que te haga una reflexión muy importante, tanto del valle de la incomodidad como de las preguntas que he preparado previamente a la visita. Todos los puntos débiles de la competencia que nombre, nunca a la competencia, así como los problemas no solucionados en el mercado, se corresponden con puntos fuertes míos, es decir, con las soluciones que yo he venido a ofrecer. Lo mismo sucede con las preguntas que le voy a formular al cliente: versan sobre problemas que yo soluciono. Cada uno de los puntos débiles de la competencia, cada uno de las necesidades que esta no soluciona, produce una serie de problemas que yo debo identificar para poder articular con posterioridad el *Método Sell it*. No tiene sentido preguntar por preguntar ni hacer preguntas que no tengan una finalidad concreta. Para finalizar, explicaré brevemente estas cinco:

1. Preguntas de situación: establecen el marco sobre el que se desarrollará la conversación. Enfocadas a obtener información sobre la situación y proceder de la empresa en el momento actual. Están encaminadas a descubrir grietas en la gestión.

   Ejemplo: ¿Cómo tenéis solucionadas las fugas de aceite que sueltan los latiguillos de las máquinas?

2. Preguntas problema: se trata de hacerles visibles los problemas descubiertos a través de las preguntas situación.

   Ejemplo: Si utilizáis las mantas absorbentes, ¿qué hacéis cuando se saturan?

3. Preguntas implicación: orientadas a exponer las implicaciones derivadas de no atajar los problemas detectados en la anterior fase.

   Ejemplo: Cuando se saturan las mantas y el servicio de reposición viene al día siguiente, ¿Qué sucede si los operarios pisan las mantas saturadas? ¿Y qué sucede si se retrasan en el servicio? ¿Son siempre puntuales?

4. Preguntas necesidad: orientadas a hacer explícitas las necesidades detectadas en la conversación. El cliente es el que participa activamente en este punto formulando preguntas que están orientadas a conocer si nosotros le ofrecemos alguna solución. Si conseguimos que sea el propio cliente el que formule estas preguntas se podría afirmar que el cierre está más cerca que nunca.

   Ejemplo: Tengo un problema dado que hay mucha grasa que no se contiene y se traspasa a los pasillos y a las oficinas, ¿cómo me lo podéis solucionar?

5. Preguntas beneficio: orientadas a exponer cómo soluciono todos los problemas que hemos detectado.

   Ejemplo: ¿Crees que si colocamos en los puntos de fuga de aceite, así como en los accesos a las oficinas nuestros contenedores con producto absorbente podremos recoger toda la grasa derramada? ¿Ganarías en seguridad?

Como has comprobado, hemos hecho visible la información que, o bien no se conocía, o bien no se le había dado la importancia necesaria. Esta permanecía oculta a la mente del comprador y nosotros la hemos convertido en vívidamente consciente al combinar las preguntas con técnicas de *storytelling* encaminadas a visualizar todos los problemas por los que atraviesan las empresas como consecuencia de no solucionar lo que nosotros sí hacemos.

CONSEJOS

- Prepara antes de realizar la visita todos los beneficios que tu producto o servicio aporta.

- Prepara todos los problemas que las empresas de tu competencia no han solucionado.

- Intenta recabar información sobre la empresa a la que vas a visitar, a poder ser información que no publican en sus webs ni redes sociales.

- Redacta varias entradas, partes iniciales de tu discurso, es la parte más importante de tu discurso de ventas. Tus primeras palabras marcarán el devenir de la visita. Prepárate, prepárate y prepárate.

- Organiza todos los puntos débiles no solucionados en una estructura de película (villano, problemas, héroe) y describe cada uno de los problemas que producen cada uno de ellos.

- Tu discurso pivotará en todo momento sobre tus puntos fuertes, los cuales estarán presentes en todo momento. El cliente entenderá que cuando menciono los puntos débiles de la competencia es porque nosotros no los poseemos, y cuando mencionamos los problemas no solucionados, es porque nosotros sí lo hacemos.

- Prepara varios discursos que pivoten sobre varias técnicas de *storytelling* combinadas entre sí.

- Cuando hagas el discurso de ventas recuerda que todo comunica: velocidad, tono y volumen de la voz, lenguaje corporal y pasión con la que hablas.

- Lo que dices y cómo lo dices debe estar perfectamente alineado.

- Recuerda que el importante es el cliente no lo eres ni tú ni tu producto, no pierdas esto nunca de vista.

- Prepara con antelación todas las preguntas que vas a realizar en tu visita.

Capítulo 5
Planteamiento específico
/ Data Storytelling

Los datos son el activo estratégico
por excelencia de las compañías.
Christian Gardiner

El *data storytelling* es la unión de los datos proporcionados por el *Big Data* y el *storytelling*. En este paso número cinco no me referiré tanto a los grandes datos, sino a los obtenidos en base a la investigación que hemos realizado a nivel micro con nuestro cliente. El *Big Data* se va a convertir en una herramienta omnipresente que manejarán en un futuro muy próximo los departamentos de *marketing* y los de ventas de forma natural y cotidiana. En ese futuro se combinarán con la inteligencia artificial. Nuestro conocimiento de nuestros clientes potenciales será cada vez más preciso y detallado y esto redundará en que sabremos cómo ayudarle de una manera más eficiente y rápida.

Hasta ahora le hemos relatado a nuestro cliente generalidades sobre el mercado y el sector en el que se encuentra, le estamos haciendo descender por el valle de la incomodidad ayudándonos tanto de técnicas de *storytelling* como de preguntas reflexivas. Estamos generando emociones negativas encaminadas a captar toda su atención. Hemos impactado en su cerebro límbico, en el cerebro de las emociones. Ha llegado el momento de utilizar toda la información recabada sobre el cliente en la investigación comercial que hemos realizado en el segundo paso. Empezaremos a relatarle los problemas que hemos detectado en su empresa, su atención e interés están ahora en su punto máximo.

Ten en cuenta que todavía no le hemos hablado sobre nuestro producto o servicio, estamos creando tensión en nuestro relato tal y como afirma Seth Godin (*). Lo único que genera movimiento es la tensión que mantiene alerta y concentrado al cliente sobre nuestro relato. Sin tensión no hay venta ni movimiento, sin relato, el cliente desconecta rápidamente.

Veamos dónde puedo obtener información sobre el cliente al que voy a visitar:

1. Página web: aquí las empresas publican todas sus bondades. Sirve para conocer su actividad, historia, número de empleados, productos y estrategia, pero en ningún caso nos servirá para conocer sus miserias, aquellas que tú solucionas y que nunca se publican.

2. Revistas especializadas: conoceré novedades, premios y valores. Servirá para generar conversación y *rapport*.

3. Redes sociales: si la comunicación es profesional conoceremos mucho a través fundamentalmente de Twitter y de LinkedIn.

4. Comerciales: si la empresa registra toda la información proporcionada por los comerciales, conoceremos precios, productos y estrategia de penetración en el mercado de nuestra competencia.

(*) Seth Godin es un consultor norteamericano experto en Marketing: www.sethgodin.com

5. Visita presencial: es la más efectiva. Obtengo la mayor cantidad y calidad de información. Pediré permiso a Gerencia para poder visitar a los responsables de los departamentos relacionados con mi producto, como lo son, por ejemplo, producción, seguridad e higiene, medio ambiente, calidad y ventas. Si las preguntas son las adecuadas y nuestro interlocutor nos facilita información sensible, tendremos mucho contenido que utilizaremos en este paso quinto con un *data storytelling* de mucho nivel.

Según la revista *Forbes* tenemos distintos elementos a tener en cuenta en un *data storytelling*, tal y como reflejo en la Figura 19:

Figura 19

Cuando aplicas narrativa a los datos simplemente estás «explicando». Esto lo hacemos en muchas ocasiones. Explicamos desde nuestro cerebro racional cifras sin vida, datos y gráficos. El siguiente nivel se da cuando tus datos van acompañados por imágenes. En este caso el impacto emocional que logras es mayor que en el primero, estamos «iluminando». En el tercer nivel tenemos imágenes y narrativa, el resultado es más potente que si solo lo narramos o mostramos únicamente imágenes, se dice que estamos fomentando el «compromiso» de nuestro cliente, pero no es suficiente.

Pero todavía me falta la acción de compra, para conseguirla deberemos utilizar una narrativa potente, imágenes que la hagan vívida y datos que avalen todo lo que estamos diciendo. Se produce el «cambio», el movimiento y la compra de tu producto. Así abarcamos a todos los perfiles del sistema VAK: visuales, auditivos y kinestésicos. Todo ello es reforzado desde la racionalidad que me aportan los datos. Te lo muestro en la Figura 20:

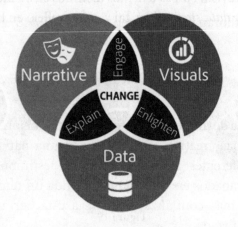

Figura 20.Fuente: *Forbes*

Cuando realice mi visita de ventas, puede ocurrir que la persona que decide no esté presente en la reunión. Todas las emociones generadas en el paso cuatro, *storytelling*, perderán mucha fuerza al ser transmitidas a un tercero. Esta persona no lo va vender como nosotros, con lo que la efectividad de su relato disminuye exponencialmente. Por otro lado, el interés, dedicación y entusiasmo con el que trasmitirán tu información no serán los mismos que si lo hicieras tú mismo. Por ello hay un elemento que resiste el paso del tiempo y el enfriamiento que se produce justo después de haber concluido tu visita: los datos. Estos trasladan a un tercero información racional sobre su negocio, cifras que le están lastrando y que si las has ensamblado bien conseguirán que la persona que decide quiera ampliar más información sobre tus productos.

Para afianzar y dotar de solidez a mi discurso de ventas necesitaré datos y estadísticas y, lo más importante, deberán estar estructurados en una secuencia de *storytelling* que incite al movimiento. Como ejemplo os citaré estos dos vídeos:

- Hans Rosling https://youtu.be/hVimVzgtD6w

- Neil Halloran https://vimeo.com/128373915

CONSEJOS

- Recopila de tu cliente cuantos más datos mejor. Preséntalos de formas creativas que contengan una narrativa atractiva, diferentes gráficas, imágenes, testimoniales escritos y grabados en vídeo. Que te venda un tercero inspira mucha más confianza. Recurre a esta herramienta tan poco utilizada.

- Cada gráfica que vayas a presentar deberá tener asociado un storytelling determinado y ensayado con anterioridad.

- Todo relato que hagas debe tener un objetivo específico que cumplir.

- Ponle un título a tu presentación que condense el objetivo más importante que cumples con tu producto o servicio.

Capítulo 6
Propuesta de valor doble

Las claves de un marketing exitoso son
enfoque, posicionamiento y diferenciación.
Philip Kotler

Cuando un vendedor sale a la calle debe conocer previamente cuáles son sus propuestas de valor. Aunque siempre se habla de propuesta de valor, son necesarias más de una para poder diferenciarnos. Estas deberán ser exclusivas de tu empresa y de nada sirve que menciones valores que otras empresas de la competencia también poseen tales como: servicio 24 horas, atención personalizada, precios muy competitivos o líderes en el sector. Confundimos características con valores que además no son exclusivamente nuestros. En las webs de los clientes que me contratan, observo con demasiada frecuencia cómo figuran servicios que son *commodity*[21] (21), y que no son exclusivos ni representan una ventaja competitiva clara. Entonces, ¿por qué

---

21   *Commodity*: producto de escasa diferenciación.

135

sucede esto? ¿Deben los diseñadores de web y los departamentos TIC aprender a vender? Si la empresa no publica sus valores diferenciales significa que posiblemente no los tenga en absoluto claros, y si esto es así, los vendedores tampoco los tendrán. Tu indefinición hace que tu marca sea una más y acabe diluyéndose en un mar enorme de marcas como la tuya. Estarás condenado a pelear en océanos rojos de cuchillo y precio. Afirmar que somos líderes en el mercado, que tenemos setenta años de historia, etc., no aporta motivos de compra a nuestro cliente potencial. Recuerda que al cliente lo que más le importa es su empresa, no la tuya. No conocer ni transmitir valores diferenciales en tus comunicaciones te posiciona como un vendedor novato en el que no confiar. Nuestra comunicación debe estar orientada a vender, no a describir.

Para realizar tu propuesta de valor es de vital importancia que realices de manera exhaustiva la investigación comercial del paso dos del *Método Sell it*. Debemos conocer al detalle todos los puntos débiles y los puntos fuertes de la competencia, todos los problemas no solucionados con sus productos y servicios y todas las insatisfacciones y problemas que generan en los clientes.

Es en este punto donde tus productos se encuentran con estas insatisfacciones. Si al cliente al que vas a visitar no le aportas nada nuevo en lo que merezca la pena que se gaste su dinero no venderás, si no eres capaz de transmitir esos valores diferenciales no venderás, si no conoces cuáles son no venderás.

Como hemos visto hasta ahora, las propuestas de valor pueden ser únicas o complejas. En mis talleres hago un sencillo ejercicio que te replico aquí:

Paso 1: Enuncia un valor diferencial tuyo en un máximo de tres líneas.

Paso 2:Resume el mismo valor en una frase de una línea.

Paso 3: Resume el valor en tres palabras.

Paso 4: Expresa el valor en una palabra.

Paso 5: Enumera diez valores diferenciales de tu empresa.

En multitud de ocasiones observo cómo este ejercicio resulta muy complicado para ellos y tardan bastante tiempo en resolverlo. Es el motivo por el que te van a comprar a ti y no a la competencia, sin embargo, no siempre se tiene muy claro ni se ha entrenado al respecto. Creemos que nuestras virtudes y beneficios solo los podemos aportar nosotros y esa ilusión de la conciencia te puede jugar malas pasadas.

En septiembre de 2016 la empresa Bain & Company Inc. publicó un estudio en la revista *Harvard Business Review* sobre los valores que inclinaban positivamente las decisiones de compra en distintos sectores. Dicha pirámide estaba inspirada en la de necesidades humanas de Abraham Maslow. La de Bain & Company Inc. tenía distintos niveles relacionados con necesidades de tipo emocional, funcional, cambio de vida e impacto social. Te lo muestro en la figura 21:

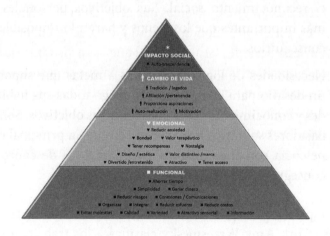

Figura 21

Cada cliente tiene unos impulsores de compra específicos y nuestra obligación es detectarlos a lo largo de nuestra conversación de ventas. No todo el mundo compra por las mismas razones, estas no son específicas de un sector, sino que son necesidades universales que el ser humano tiene independientemente de su nacionalidad, sexo, edad o profesión. En este sentido el psicólogo David McClelland formuló en los años sesenta otra teoría muy conocida sobre las necesidades humanas, que agrupó en tres bloques:

- Necesidades de afiliación: a estas personas les mueven las relaciones humanas y prefieren la cooperación a la competición. Les preocupan los demás y están muy orientadas a ayudarles. Su equipo siempre está en un primer plano, incluso en uno superior al suyo propio.

- Necesidades de estatus: son aquellas personas que buscan más la competición que la cooperación y están orientadas a influir sobre los demás ejerciendo un estilo de liderazgo que les permita conseguir sus objetivos. Valoran mucho el reconocimiento social. Sus objetivos personales son más importantes que los ajenos y harán lo imposible por conseguirlos.

- Necesidades de logro: orientadas a metas que supongan un desafío para ellas. Ponen en juego todas sus habilidades y conocimientos para conseguir sus objetivos. Son trabajadores solitarios más que en equipo. Su principal competencia son ellos mismos y lucharán sin descanso por conseguir lo que se propongan.

La psicóloga organizacional de la Universidad Stern de Nueva York Amy Wrzesniesky clasifica a los trabajadores en tres tipologías. Si les quieres vender a cada una de ellas deberás mover sus motores de decisión:

Los trabajadores «Job» son los que trabajan para pagar las facturas y no aspiran a nada más. Son sus objetivos y son del todo respetables, y si a la empresa les son útiles los mantendrá en sus puestos. Lo que es muy peligroso para ellos es que se lleguen a conformar con un nivel retributivo concreto y no quieran pelear por mejorarlo.

Después están los trabajadores «Carrera» que son aquellos que quieren forjarse una carrera dentro de esta profesión, quieren llegar a ser los directores comerciales mundiales de la marca a la que representan y para ello pondrán toda la carne en el asador para lograrlo. Saben lo que quieren y cómo lograrlo.

Por último, están los trabajadores «Llamada». Sienten pasión por lo que hacen, su trabajo conecta con su esencia de una manera muy poderosa. En esta categoría se engloba la de los «trabajadores pasión». Si quieres venderle a un trabajador pasión no te comportes como un reptil. El maestro de las ventas Zig Ziglar hacía conferencias con casi ochenta años en las que desplegaba una fuerza impropia de una persona de su edad y que iluminaba cada rincón de los auditorios y equipos a los que formó.

Por supuesto que existen otras teorías sobre valores, necesidades y factores motivacionales. Puedo afirmar que desde Maslow no han aparecido muchos más modelos de motivación humana desde los años setenta. Hasta este momento, te he expuesto una cantidad importante de factores que deciden una compra, pero no debemos de obviar a la persona que tenemos delante, con sus vivencias y creencias, cultura y factores ambientales que influyen marcadamente en sus conductas de compra. Las circunstancias particulares de cada cliente que vayamos a visitar, así como el momento en que hagas la visita se suman a las variables antes descritas. Como podrás comprobar, y tal y como comenté en El arte de vender, las ventas son sencillas cuando comprendes su complejidad.

Es el momento de hablarte acerca de un concepto que aprendí hace muchos años en una de mis formaciones y que me ha servido de guía en los veinticinco años que llevo en ventas profesionales. Este concepto se llama «Pirámide valor-cliente». Se trata de una división cuyo resultado debe ser superior al precio que el cliente paga por tu producto o tu servicio. En el numerador se colocan todos los beneficios que el cliente ganará contigo y en el denominador pondremos el precio que va a pagar por tu producto o servicio. A medida que aumentas el número de beneficios que aparecen en el numerador, el efecto del precio se diluye y pierde fuerza. Conforme construyes valor y haces que el resultado de la división sea un número mucho mayor que uno, te vas haciendo incomparable. El cliente no tiene con quién compararte (Sistema uno de Daniel Kahneman) y el precio pasa a un segundo plano. En ventas, si eres comparable estás muerto. Si no somos capaces que conseguir disminuir la potencia que representa el precio, si no construimos el valor suficiente para nuestro cliente, este no nos comprará. Seremos un commodity. Diferenciarse y construir valor son dos habilidades que poseen los vendedores profesionales. Construirlo no se realiza únicamente en la visita, sino que es un trabajo que lo tendremos que tener finalizado antes de estar delante del cliente.

Hoy en día, con una abundancia enorme de oferta y con una homogeneización de productos muy extendida, cada vez es más complicado diferenciarnos, todo se copia muy fácil y muy rápido. Por ello, cobra especial relevancia la figura del vendedor como factor diferenciador.

La propuesta de valor doble se debe, en primer lugar, a tu producto o servicio, y por la otra al vendedor en sí mismo. Cada uno de nosotros poseemos una serie de fortalezas que nos caracterizan y nos diferencian de los demás vendedores, si las aplicamos en cada visita de ventas alojaremos un recuerdo agradable en el cerebro del cliente, de tal modo que cada vez que nos vuelva a ver se alegrará. El vendedor forja relaciones, ese vínculo perdurará en el tiempo sea cual sea la empresa en la que trabaje. Hoy en día es más fácil que nunca copiar contenidos y productos, pero hay algo que no se puede copiar: la persona, el vendedor. Cada uno de nosotros debe transcender de su propio producto o servicio para dejar su impronta, su huella dactilar en cada una de las visitas que realice. Con cada contacto, deberemos producir una experiencia placentera, de ese modo el cliente no nos evitará cuando queramos concertar una nueva visita con él. La «experiencia-cliente» no solo se refiere al mundo del comercio, sino que también debe extenderse a cada una de las visitas que realicen los vendedores de calle.

Cada uno de nosotros tiene una manera de ver la vida, de comportarse y de interactuar con sus clientes. Estos compran en primer lugar a la persona y en segundo el producto, por lo que, si no eres capaz de pasar el primer filtro, aunque tengas la mejor marca del mundo, no venderás. En un mercado plagado de marcas iguales y de vendedores que venden igual, diferenciarse en base a la persona cobra una importancia enorme. Para conocer cuáles son tus principales fortalezas te remito al capítulo primero en el que podrás realizar un test totalmente gratuito de la Universidad de Pensilvania (www.authentichappiness.org).

Si ejerces tus principales cinco fortalezas en tu ejercicio profesional dejarás algo de ti en cada visita que realices. Además, te sentirás con más energía, no te agotarás, sino que estarás deseando volver a ejercerlas. En mi caso, una de mis principales fortalezas es el humor y lo utilizo, siempre que la ocasión y la persona lo permita, con mucha frecuencia. En cada visita que realizo pongo en juego varias de mis fortalezas, soy el mismo en mi visita y en mi vida personal, eso transmite naturalidad, coherencia y confianza. Cuando la visita la realizamos únicamente hablando de nuestro producto o nuestro servicio, estaremos desperdiciando nuestra principal arma de diferenciación: nosotros mismos. Siempre hay momentos adecuados para desplegar nuestras fortalezas, para hacerlo en su justa medida y con las personas adecuadas, si lo haces, te convertirás cada vez en menos prescindible para tu cliente. Si este trabajo lo haces de manera sistemática, poco a poco te irás ganando el corazón del cliente y con ello su fidelidad.

En mi experiencia como formador y como vendedor he conocido una de las características más exclusivas de los mejores vendedores del mundo: los clientes les quieren. Estos profesionales no solo caen bien, sino que sus clientes los adoran y se irían con ellos a cualquier empresa a la que se fuera este vendedor. Son los mismos en la visita que cuando esta finaliza, vuelcan todas sus virtudes como persona en su ejercicio profesional y el clima que son capaces de generar en su visita es casi mágico; magnetizan el ambiente y el producto que venden es solo la excusa para vivir una experiencia memorable con su cliente. Se divierten vendiendo y consiguen que sus clientes también lo hagan. Esto no está al alcance de cualquiera, por ello son muy escasos y cotizados estos vendedores. Estos unicornios de las ventas deberían replicarse para que todos se pudieran beneficiar. Te aseguro que esas visitas son dignas de ser grabadas para ser enseñadas en las escuelas de negocios. No solo es necesario enseñar técnicas y metodologías, sino que también lo es enseñar cómo enamorar al cliente en las visitas de ventas, cómo seducirle en lugar de persuadirle.

En este capítulo hemos visto la importancia de tener muy clara cuál es nuestra propuesta de valor y saber transmitirla de manera eficaz a través de la persona. La investigación comercial del capítulo primero es vital para extraer todos los valores que nos son exclusivos. Este ejercicio requiere mucho esfuerzo intelectual debido a la gran cantidad de servicios y productos parecidos que existen en este mercado globalizado del siglo XXI. Si no lo tenemos claro, o bien si somos uno más, seremos uno menos.

Richard Branson, propietario de Virgin, nos dejó esta sentencia a tener muy en cuenta y que está directamente relacionada con la claridad de valores diferenciales que debe poseer toda marca y todos y cada uno de los productos que vendemos:

Si algo no puede ser explicado en la parte trasera de un envoltorio, es basura.

Solo si tenemos claro en qué somos diferentes seremos capaces de expresarlo en una sola palabra.

CONSEJOS

- Elabora una lista de diez valores que sean exclusivos tuyos y de tus productos. Cuantos más poseas más cerca estarás del cierre.

- Toda tu visita de ventas debe pivotar sobre todos los valores diferenciales que posees.

- Introduce tus fortalezas personales en tu presentación de ventas: por ejemplo, si el humor es una de ellas, y si el cliente y momento lo permiten, utilízalo en cada una de las visitas que realices con ese cliente.

- No uses un solo valor en tu visita de ventas, pero tampoco abrumes al cliente con una lista interminable. El número idóneo está entre tres y diez.

- Por último, está el valor de marca. No solo nos diferenciamos con nuestro producto, servicio y persona, sino que también lo hacemos a través de la marca. Es el héroe que aparece en el paso siete. Las empresas deben comunicar a

sus vendedores quiénes son, cuáles son sus valores funda-
cionales, qué aportan a la sociedad más allá de pagar unos
sueldos, cómo contribuyen a la preservación del medio
ambiente. Los vendedores deben tatuarse en la piel los
valores de la empresa.

Existen diversas estrategias para descubrir el valor de una
empresa. La primera es realizar una aproximación desde la
psicología. La segunda es hacerlo desde las herramientas que
el Branding te proporciona. La tercera y última es hacerlo
mediante la antropología. Es lo denominado Patrimonio
Inmaterial Empresarial.

Los seres humanos nos agrupamos por afinidad. ¿Quién
eres tú como empresa? ¿Por qué tengo que «bailar» contigo en
lugar de con otra pareja (empresa)?

Capítulo 7
Solución

La bisagra que rechina es la que consigue el aceite.
Malcolm X

Todos los métodos estudiados son breves, incompletos y carecen de una secuencia que integre todas las fases del proceso comercial. En todos excepto en uno de ellos, el método del vendedor desafiante, la solución aparece primero, nada más empezar la visita de ventas. Sin embargo, el citado método no liga la creación de tensión narrativa con técnicas de *storytelling* y los discursos se miden según parámetros meramente racionales.

Cuando acompaño a vendedores o realizo con ellos ejercicios de teatro de ventas observo que casi la totalidad de ellos se lanza a hablar de sus productos o servicios al principio de la conversación. No se pueden resistir. Les pueden las ganas de exponer las maravillosas ventajas derivadas de consumir su producto; deducen que como son los únicos que lo pueden ofrecer, el cliente no se resistirá y acabará adquiriéndolos. Pero la situación actual del mercado no es así; el cliente está saturado de recibir siempre las mismas visitas; los comerciales son los que hablan la mayor parte del tiempo; el cliente tiene a su disposición más ofertas que nunca y son iguales o muy parecidas a la nuestra.

Vamos a suponer que has realizado correctamente todos los pasos del método: has llevado a cabo una preparación mental y emocional exitosa, has investigado concienzudamente tu mercado y el cliente al que vas a visitar, te has adaptado a su frecuencia de emisión, sintonía, has combinado preguntas que venden con técnicas de *storytelling*, has presentado varias propuestas de valor diferenciales y has aportado tu huella personal en la visita. Si has ejecutado los seis primeros pasos a conciencia, habrás creado la tensión narrativa e interés necesarios para que el cliente espere ansioso tu solución, lo hará pegado literalmente al sillón. Sin tensión no hay movimiento tal y como afirma el experto mundial en *marketing* Seth Godin. Y para que consigas movimiento, deberás despertar interés y deseo en tu cliente; Método AIDA. Como dicen los japoneses, deberás despertar varios *otakus* en tu presentación. Puedes pensar que este último método es anticuado, que no nos puede enseñar nada, ¡cómo lo va a hacer si es de los años treinta del siglo pasado!, si piensas eso estás muy equivocado. Lo nuevo no debe borrar lo antiguo, sino nutrirse de él. En un mercado como el actual, la atención es muy cara, generar y mantener el interés a lo largo de la visita es muy difícil debido a la gran cantidad de distracciones que tiene tu cliente. Para mantener el deseo es preciso que recurras al arte de contar historias, al arte de desviar la conversación hacia aspectos no relacionados con la visita, en definitiva, deberás recurrir al arte de vender. La última letra del Método AIDA es la A, corresponde a la acción. Los vendedores novatos no provocan compromisos ni producen ningún movimiento en sus clientes y sus ventas se eternizan. Aquí el *coaching* de ventas es fundamental.

Ahora ha llegado el momento de exponerle a nuestro cliente la solución. El *Método Sell it* sigue una estructura típica de cine: en primer lugar, aparece un villano, competencia, que provoca una serie de problemas o necesidades que nadie es capaz de solucionar y que causan en el cliente enfado, frustración y ansiedad. Estamos en el descenso del valle de la incomodidad. Es el nudo de nuestra película. Seguimos desarrollando la trama para dirigirnos al final, es cuando aparece el héroe representado por nuestra solución en el paso siete. En el cine se le conoce a esta secuencia también como nudo, trama y desenlace. Imagínate que en una película apareciera el héroe al principio, sin ninguna trama ni nudo, la película habría acabado antes de empezar. Es lo que hemos hecho los vendedores desde hace muchos años, presentar nuestro héroe al principio de nuestra visita de ventas, sin haber creado ninguna tensión ni haber descubierto nada nuevo a mi cliente. En mis conferencias utilizo la analogía de ligar: si le pides el teléfono a la chica/chico al principio de la conversación lo más seguro es que te lleves un desaire, si por el contrario, construyes un cortejo acompañado por un relato de *storytelling* con estructura, tus posibilidades de ligar se multiplicarían. No tengo intención, por lo menos de momento, de abrir una academia para ligar con un método.

A la parte en la que presentas al héroe se le debe dar la misma importancia que la correspondiente al descenso por el valle de la incomodidad que has recorrido con tu cliente a lo largo de tu visita de ventas. El momento en el que presentas tu solución representa el punto álgido de tu visita, es lo que tu cliente ha estado esperando durante todo el tiempo, así que le debes dar la importancia que tiene. ¿En cuántas ocasiones te ha decepcionado el final de una serie de Netflix? Es tanto o más importante que la trama en sí, tu solución es lo que has venido a ofrecer y lo que le va a mejorar la vida de tu cliente. Debemos alojar en su mente nuestra solución. Si presentas un héroe lleno de harapos, con aspecto desaliñado y flacucho, es improbable que tu cliente confíe en él para rescatar a su empresa. Imagina que confiaras a este personaje la salvación del mundo, imagina que presentaras un Superman como este personaje, ¿qué pasaría? Ya te lo digo yo: será un rotundo fracaso de visita y de película. El héroe es la culminación de todo el trabajo que hemos realizado desde que iniciaste tu proceso comercial, dale la importancia que tiene o, por el contrario, tu relato perderá mucho interés.

Recuerdo mis inicios en las ventas en Sernatec Hygiene. Llevaba dos marcas: una era Odorite Internacional dedicada a ambientar aseos en servicio y la otra era Mediclinics, marca de equipamiento de aseos de colectividades. Cuando di el salto para empezar a vender a la industria no le decía en la primera frase: «Buenos días, Pepe, vengo a ofrecerle ambientadores para el baño». Mucho antes de ser consciente de la necesidad de crear mi método de ventas, ya estaba aplicándolo antes de ser concebido veintidós años después. Creaba un relato en que el villano hacía descender al cliente por el valle de los riesgos y los peligros. El malo de la película era la incapacidad de mi competencia para eliminar los gérmenes que se encontraban en un aseo, le representaba todos los riesgos derivados de no actuar contra ellos. Mi servicio no era solo de ambientación, sino que también realizábamos una desinfección a conciencia en cada uno de los elementos porcelánicos de los aseos y vestuarios. Mi presentación contenía elementos de *storytelling*, gráficos y diapositivas que mostraban los puntos críticos, testimoniales de clientes industriales, etc. Siempre creaba tensión narrativa a través de un relato que captaba su atención de inmediato y, para ello, recurría a lo más eficaz atendiendo a nuestro sesgo negativo del cerebro: los peligros y amenazas presentes en sus aseos y vestuarios. La atención de tu cliente estará así garantizada.

Es el momento de explicarle con todo lujo de detalles cómo nuestro producto o servicio le va a ayudar. Haremos especial hincapié en todo aquello que nuestra competencia no ha sido capaz de solucionar, problemas que el cliente intuye que nosotros sí lo hacemos. También, huelga decirlo, necesitamos que la investigación sobre lo que no hace la competencia la tengamos actualizada, ya que de lo contrario generaremos desconfianza.

Todo el descenso por el valle de la incomodidad no es una manipulación nuestra ni pretendemos generar tensión y enfado innecesarios. Todo lo que le estamos contando, casi con total probabilidad, le estará sucediendo al cliente. Estamos explicitando una información sensible que se encuentra en el fondo del valle y que puede que, o bien no la conozca, o no le esté prestando demasiada atención. Nuestra misión como profesionales de las ventas es descubrir problemas y ofrecernos para solucionarlos. Si lo conseguimos, todos salimos ganando, aunque el foco principal siempre es y será el cliente. Por lo que no son tretas ni trucos, son pasos para ser más eficientes y hacerles la vida más fácil.

Es el momento en el que el cliente debe visualizar la orilla, le subiremos por la pendiente positiva del valle de la incomodidad generando alivio, satisfacción y alegría al conocer una solución que va a hacerle más productivo y eficiente, en suma, le ayudaremos a ser más competitivo y a hacer crecer su negocio.

Te muestro a continuación en la figura 22 lo que hemos visto hasta ahora:

Fase IN

Villano y Problemas

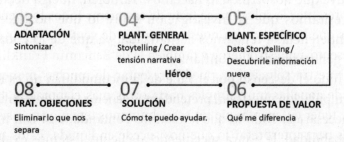

03 ADAPTACIÓN
Sintonizar

04 PLANT. GENERAL
Stoytelling / Crear
tensión narrativa

Héroe

05 PLANT. ESPECÍFICO
Data Storytelling /
Descubrirle información
nueva

08 TRAT. OBJECIONES
Eliminar lo que nos
separa

07 SOLUCIÓN
Cómo te puedo ayudar.

06 PROPUESTA DE VALOR
Qué me diferencia

www.iosulazcoz.es

Figura 22

El deseo está en el punto más álgido, pero puede que no sea del todo suficiente. El cliente ha permanecido en silencio durante parte de la reunión, ha estado apuntando una serie de cosas que no divisamos desde nuestra posición y que nos expresará durante y después de nuestra visita de ventas: son las muy temidas objeciones.

No he nombrado hasta ahora un elemento que es transversal a cualquier paso que contiene el método: son las técnicas de cierre. Deberán ser utilizadas en el momento que detectemos señales de compra. Algunos autores sostienen, no sin cierto criterio, que las técnicas de cierre solo deben ser utilizadas en ventas simples dado que, así lo presuponen, el comprador en ventas complejas está mucho más experimentado y conoce a la perfección todas las técnicas que le vamos a aplicar. Es cierto que hay algunas técnicas que no podremos utilizar en ventas complejas como lo son, por ejemplo, la técnica de la hoja de pedido, la de la escasez o la de la moda, pero sí que considero que podemos utilizar técnicas de cierre también en ventas complejas. Por ejemplo, la de cierre sumario que podemos utilizar al presentar la solución: se trata de enumerar todos los beneficios que han salido en nuestra reunión de ventas a la par que presento a nuestro héroe y también la de Benjamin Franklin.

Nuestra solución se puede presentar de muchas maneras, desde aquellas muy simples hasta otras más elaboradas. Hay que tener en cuenta que los seres humanos tenemos tres sistemas para interpretar lo que nos sucede en la vida. Estos tres, de los cuales ya te he hablado en esta obra, son el visual, el auditivo y el kinestésico. Presentar nuestra solución en un solo sistema nos resta muchas posibilidades de éxito. Si utilizo los tres, influiré de manera más eficaz en mi cliente, ya que, aunque todos poseemos dos motores principales (en mi caso visual y kinestésico), deberemos utilizar los tres sistemas para poder anclar mi mensaje de ventas de forma más indeleble en su mente. Estos aportarán muchos más matices y riqueza a la presentación de la solución, no seas plano ni monótono, juega con todos los elementos que puedas, comprobarás el resultado. En PNL, Programación Neuro Lingüística, se enseñan más técnicas de acercamiento, bien sea a mi *coachee* o a mi cliente.

Pondré un ejemplo de presentación de una solución:

1. Hacemos una presentación de todos nuestros puntos fuertes, los cuales solucionan todos los puntos débiles relatados al principio de la presentación. En esta narrativa influimos especialmente en los auditivos, pero incluso en este perfil, esta presentación puede mejorar mucho e impactar de manera más potente utilizando cada uno de los tres perfiles (auditivo, visual y kinestésico).

2. Hemos pedido a nuestro cliente que nos ceda una sala con proyector, ya que vamos a realizar una presentación. En ella resumiremos todo lo que hemos hablado, todos los problemas que presenta el sector y, en concreto, todos los que tiene el cliente específicamente. Aplicaremos técnicas de *storytelling* y de *data storytelling* con sus datos que hemos recopilado y lo presentaremos de manera visual. A los visuales y kinestésicos les impactará muy positivamente.

3. Pondremos un pequeño vídeo sobre nuestra solución de no más de tres minutos.

4. Recopilaré testimoniales en formato audiovisual de clientes que han disfrutado de nuestros productos para que relaten todo lo que han ganado con nosotros. Los auditivos y visuales lo agradecerán.

5. En otros casos podré traer a un cliente para que hable de nosotros. Es el llamado cierre de prescripción.

6. En ocasiones, siempre que sea posible, es recomendable hacerle una demostración *in situ* de nuestro producto. También es muy beneficioso que el cliente interactúe con él (a los kinestésicos nos encanta). Ver, tocar y oír son sentidos que nos han acompañado desde el Paleolítico y que consiguen que tengamos confianza o desconfianza, que estemos a gusto y relajados escuchando al vendedor o que, por el contrario, queramos salir enseguida hacia una reunión inventada.

Existen muchas más combinaciones y deberás ejercitar una virtud muy importante en ventas: la creatividad. La podrás poner en juego cuando diseñes la visita, cuando redactes tu discurso y cuando presentes sus datos. En definitiva, nos aporta diferenciación y en un mercado en el que escasean soluciones creativas esta virtud aporta valor a nuestra visita y desemboca en un resultado favorable para los intereses del cliente y los nuestros propios. La creatividad la podemos combinar con otras virtudes del carácter en nuestra presentación de la solución como por ejemplo el humor. El cóctel resultante puede ser muy fresco, innovador y efectivo. La puedes usar en cada paso del *Método Sell it*: a la hora de concertar la cita, a la hora de presentar al villano y en la manera de presentar nuestra solución. Sé creativo, sorprende a tu cliente, hazle salir de su zona conocida de confort y descúbrele información desconocida e inquietante sobre su negocio. Si eres capaz de conseguir un entorno positivo en tu presentación, el cliente estará mucho más receptivo hacia ti y la solución que has venido a ofrecerle. Invierte tiempo en generar este clima a lo largo de toda la visita de ventas, tu solución tendrá un mayor impacto en tus resultados.

CONSEJOS

- Alinea cada solución con cada uno de los problemas relatados al principio.
- Arriesga en la visita, presenta los datos de manera divertida y trágica a la vez.
- Utiliza todos los medios que puedas, todas las armas que seas capaz de aglutinar para presentar tu solución como debe ser presentada. Tu producto no merece menos. No arruines tu brillante exposición con una presentación mediocre de tu solución.
- Sé creativo, no hagas lo que los demás hacen.
- Hazlo diferente, influye en tu cliente en sus tres sistemas: auditivo, kinestésico y visual.
- Ensaya, ensaya y ensaya.

Capítulo 8
Tratamiento de objeciones

El precio siempre es un problema solamente
si usted suena igual que todo el mundo.
Paul Di Modica

Si no hay objeciones en una visita de ventas es que algo ha ido mal; son la esencia de toda presentación y su ausencia denota una falta de interés; son un tesoro, un regalo que te hace el cliente para que le des más información y son preguntas encubiertas. Los vendedores a menudo las interpretamos como un rechazo hacia nuestro producto, cuando en realidad son una petición de información. La objeción más pronunciada por nuestros clientes es el precio. Esta es la única que debe ser respondida al final. Cuando un cliente te dice que tu producto es caro, lo que realmente te quiere decir es que necesita que le des más información para poder tomar una decisión correcta, necesita que le des razones para confiar en ti y no en la competencia.

Veamos las objeciones más comunes que recibimos los vendedores todos los días:

- Precio: es la más común y se responde al final. Cuando te la formulan la aplazarás de la siguiente manera: «Entiendo que el precio para usted es un elemento muy importante, de hecho, para nosotros es vital, permítame explicarle cómo lo hemos calculado y al finalizar usted decide, ¿está usted de acuerdo?». Denota interés, por lo que no podemos obviarla ni pasarla por alto.

- Me lo voy a pensar: aquí el cliente se siente presionado, con lo que intenta evadirse de la mejor manera posible. Veamos un diálogo que refleja lo que tendríamos que hacer:

Cliente: Me lo voy a pensar

Vendedor: Silencio de cuatro segundos.

Vendedor: Entiendo que esta decisión es importante para usted y desee darse un tiempo para tomar la decisión correcta, por ello le quiero preguntar acerca de cuándo le puedo visitar para conocer su decisión.

(En ocasiones, como veremos luego, debemos guardar silencio, ley del silencio, hasta que responda el cliente. Cuando le pedimos fecha es bueno que le facilitemos dos opciones próximas en el tiempo. Nosotros dirigimos la conversación de ventas).

Cliente: Ya le llamaré yo…

(Claramente el cliente no está interesado por lo que es mejor obtener un no cuanto antes y emplear el tiempo en generar nuevos clientes. También puede suceder que de verdad llame. La forma en la que te lo dice te dará las pistas acerca de la veracidad de sus palabras).

Vendedor: Noto que usted tiene serias dudas sobre mi producto y no quiero presionarle, para mí es más importante que la decisión que tome la haga totalmente convencido, ya que de lo contrario nuestra relación será corta y yo no quiero eso, por lo que le haré una última pregunta para no abusar más de su tiempo: ¿Qué es exactamente lo que nos separa?

Cliente: No te sabría decir exactamente, en realidad mi empresa ahora mismo tiene otras prioridades y esta ocupa la última posición (salió la verdadera objeción), no obstante, me parece muy interesante lo que me ha presentado y seguro que contaré con usted en un futuro.

Vendedor: Perfecto, no le entretengo más. Le agradezco el tiempo que me ha dedicado y si me permite, le enviaré mensualmente información relativa a novedades que estamos presentando a nuestros clientes para mantenerle informado, ¿está de acuerdo?

(En este punto el vendedor tiene que hacer seguimiento para que el futuro no sea en el 2056).

Cliente: Sí, se lo agradezco.

Aquí de despiden hasta una próxima ocasión. Es importante no presionar en exceso, ya que conseguir la venta a toda costa, según mi experiencia, lleva a la pérdida de ese cliente a corto plazo. Es más importante construir una relación a largo plazo que conseguir una venta a corto. Es vital que el cliente nos vea más como un colaborador que como un vendedor, para ello debe sentir que has venido para ayudarle y a mejorar su negocio. Una retirada a tiempo te habilita para poder contactar con él más adelante, si pecas de exceso, el cliente te percibirá como un vendedor interesado que solo se preocupa de sus ventas y no de tus problemas.

Todo lo que a nivel profesional haces, permanece en la mente de tu cliente, cuida muy bien todas y cada una de las interacciones que tengas con él. En esta época que vivimos, la presión frecuente es muy común, por lo que, si el cliente comprueba que tú no funcionas bajo esas premisas, habrás ganado muchos puntos respecto a tus competidores.

- Estoy muy contento con mi producto actual: esta objeción es la de un cliente que considera que no necesita un cambio. Está contento por el motivo que sea y va a costarte conseguir que salga de su inercia inmóvil. Deberás preguntar para obtener información que puedas utilizar en tu visita. Por ello, es muy importante que formules las preguntas adecuadas. Reproduciré una conversación de ventas en la que existen dos vendedores ficticios el V1 y el V2:

Cliente: Estoy muy contento con mi producto actual...

V1: Nosotros somos los líderes, espere que le enseñe cómo somos los mejores...

(Estamos rompiendo la sintonía con el cliente al mostrar una falta de empatía enorme y, además, le estamos llamando incompetente en su propia cara. El cerebro del cliente en ese mismo instante está interpretando: «Me está tratando como un imbécil que no sabe comprar, que no tiene ningún criterio ni inteligencia...»).

V2: ¿Qué es lo que más le gusta de su proveedor?

(Aquí introduciría una pregunta de situación dirigida a un problema no detectado y que es consecuencia de no poseer un servicio o producto como el que has venido a ofrecer. Las preguntas deberán estar enfocadas hacia aspectos en los que tu producto destaca y soluciona, no deben ser formuladas nunca sin un objetivo concreto).

¿Notas las diferencias entre el V1 y el V2? El primero rompe la empatía y la sintonía y el segundo intenta establecer un diálogo que le permita descubrir «vías de agua en el casco del buque» (problemas no solucionados) para poder ofrecer su remedio. Aquí, el arte de hacer preguntas será la herramienta que emplearemos para obtener información sensible que nos conduzca al éxito de la operación.

No conozco a su empresa: para comprar necesitamos confianza y no conocer de nada a la empresa del vendedor que nos visita es un hándicap que tendremos que solucionar. Imaginemos la siguiente situación de ventas:

Cliente: Su empresa no es muy conocida en el sector...

V1: Sí, sé que nuestra empresa no es una empresa muy implementada en la zona...

(¿Qué sentido tiene apoyar la objeción que nos acaban de plantear? En este punto, el cliente se siente reforzado y no ve motivo alguno para seguir conversando con nuestro vendedor. Le escucha hasta el final de su discurso por educación, pero ya ha decidido no comprarle.)

V2: Entiendo que para usted llevar muchos años en el sector es un factor que le preocupa, ¿me puede decir qué es lo que le preocupa referente a este punto?

(Aquí el cliente desarrolla la objeción y da pistas que deberán ser recogidas por nuestro vendedor profesional).

Cliente: Quiero trabajar con una empresa solvente de la que me pueda fiar, una que me solucione los problemas inmediatamente sin tener que estar pendiente de ello...

(Salió la verdadera objeción: falta de confianza en nuestra empresa. Se soluciona dándole argumentos sobre nuestra experiencia a nivel individual, perfiles cualificados, y colectivo, experiencia acumulada del mismo en su trayectoria profesional, que le dé confianza e incline la balanza a nuestro favor).

Hemos visto algunas de las objeciones que más se repiten, ahora desarrollaré más aspectos relacionados con una serie de reglas que has de seguir, con una secuencia de pasos que deberás transitar y con un ejercicio que deberás trabajar antes de realizar la visita.

Empezaremos con las reglas que debes seguir cuando te formulan objeciones y que recojo en esta figura 23:

Reglas para tratar objeciones

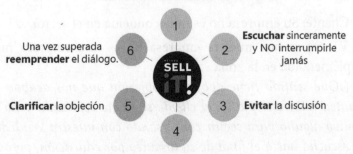

Permitir que las exprese todas

1

Escuchar sinceramente
y NO interrumpirle
jamás
2

Evitar la discusión
3

No pasar por alto la objeción
4

Clarificar la objeción
5

Una vez superada
reemprender el diálogo.
6

SELL
iT!

www.iosulazcoz.es

Figura 23

Cuando el cliente empieza a expresar sus objeciones, es muy recomendable pedirle permiso para anotarlas permitiéndole que exprese todas. Por el contrario, es muy contraproducente responder inmediatamente a la objeción, ya que damos la sensación de que no nos importan sus problemas y también que le hemos dado la solución estándar que nos han instruido en nuestro recién recibido cursillo de ventas. Haciéndolo así le estamos diciendo al cliente que esta es una más de las cientos de visitas que realizamos, y si no le haces sentir importante, tú tampoco lo serás para él. Cuando le escuches, hazlo de verdad y no con posturas y gestos fingidos, el más recurrente es la sonrisa falsa, también llamada *panamerican,* en la que el vendedor no escucha, sino que simplemente está esperando su turno para hablar. Las sonrisas falsas son detectadas rápidamente por el cerebro reptiliano, el cual te clasifica como una amenaza. La consecuencia es la rotura de *rapport* y el fracaso de la visita de ventas.

Otro de los errores muy comunes que he observado es el enfrentamiento intelectual entre el vendedor y el cliente. Expondré varios ejemplos siguiendo los dos perfiles de vendedor, el V1 (vendedor defensivo) y el V2 (vendedor dialogante):

Ejemplo: Venta de aire acondicionado

Cliente: Su máquina consume mucha electricidad

V1: Creo que no me ha entendido bien…

(Aquí el cliente interpreta que le estás llamado imbécil, que su capacidad intelectual no le permite comprender. De este modo se rompe la sintonía, con lo que será muy difícil enderezar la visita).

V2: Le entiendo perfectamente, ya que considero que el consumo eléctrico es muy importante en toda empresa y también lo es en la mía. Además, en su caso especialmente, ya que tiene que acondicionar una gran cantidad de salas en su empresa. ¿Me podría indicar cómo ha realizado los cálculos?

(El vendedor utiliza una frase que genera rapport, le entiendo, se pone en su lugar, empatía, y para finalizar le formula una pregunta abierta para obtener más información sobre la forma en la que ha realizado los cálculos el cliente. La conversación podría continuar y el vendedor debería solucionar cada una de las objeciones relativas al consumo siendo cada vez más específico para conseguir desgastar hasta agotar la objeción).

Ejemplo: Venta de servicios de mantenimiento

Cliente: Ustedes dan un servicio muy malo…

V1: Eso no es así, usted está completamente equivocado y se lo voy a demostrar…

(Empieza con un no para después arremeter contra él, está completamente equivocado y se lo voy a demostrar. No solo rom-

pemos la sintonía, sino que nos posicionamos intelectualmente por encima de él, siendo nosotros los expertos y él un aficionado. En una sola línea hemos arruinado nuestra visita. Cuidado con utilizar las palabras: estás equivocado o no tienes razón. Sienta muy mal cuando nos lo dicen, ¿verdad?).

V2: Entiendo su preocupación y más teniendo una empresa como la suya en la que todo tiene que estar perfectamente a punto para que sus operarios produzcan con la máxima eficiencia. Concretamente, ¿me puede decir cuáles son los motivos que le han llevado a afirmar eso sobre nuestro servicio?

(El vendedor pondera adecuadamente la preocupación del cliente dándole la importancia que tiene, empatía, y acaba con una pregunta abierta para ampliar la información y así poder obtener puntos de apoyo con los que solucionar la objeción).

Pasar por alto la objeción o despreciarla es igual de perjudicial para nuestros intereses.

Pondré otro ejemplo en el que participarán nuestros dos vendedores V1 y V2.

Ejemplo: Venta de artículos deportivos

Cliente: Sus prendas no tienen los colores que más se demandan.

V1: Déjeme que le enseñe más colores y seguro que encuentra uno que le guste…

(El vendedor no ha solucionado la objeción, la ha pasado por alto y sigue empeñado en mostrarle todos los colores de los que disponen. Supone que va a encontrar uno que le guste y no ha profundizado en la objeción).

V2: ¿Cuáles son los colores que más se demandan?

Cliente: El verde musgo y al amarillo plátano.

V2: Cuando usted dice que son los más demandados, ¿en cuántas tiendas de artículos deportivos se ha basado el estudio

162

que ha realizado? ¿Qué edades son las que lo demandan? ¿Qué edades tienen?

(Aquí el vendedor va desde lo general e inabarcable a lo cada vez más concreto y específico. Se trata de hacer reflexionar al cliente sobre la debilidad de su afirmación sin enfrentarse a él. Podría formular más preguntas para ir desgastando la objeción y para enseñarle al cliente con mucho tacto que su afirmación no se sostiene).

Una vez que hemos permitido que el cliente exprese todas sus objeciones sin enfrentarnos a él y sin pasarlas por alto, debemos asegurarnos de que antes de pasar a solucionar la siguiente objeción hemos solucionado la anterior. Para ello hay una única manera: preguntar al cliente.

Pondré un ejemplo.

V2: Usted me ha formulado la objeción de que nuestro producto es caro. Después de haberle explicado cómo ese precio que va a pagar va a conseguir un ahorro del 10 % en su proceso productivo, ¿sigue pensando lo mismo?

(Una vez que comprobamos que el cliente ha quedado satisfecho con nuestra explicación ha llegado el momento de reemprender el diálogo).

En mis talleres me preguntan cuándo debo responder a las objeciones, si debo responderlas todas a la vez o debo ir escalonándolas a lo largo de la visita. Antes de darte una secuencia que deberás seguir para tratarlas, permíteme que te dé algunas pautas más:

1. Contestar sin guardar un mínimo silencio de tres segundos entre la formulación de la objeción por parte del cliente y nuestra respuesta, traslada la sensación de que no nos importa ni el cliente ni la objeción. Se rompe la empatía.

2. La única objeción que debe ser respondida al final de la entrevista es la del precio. Pediremos al cliente un aplaza-

miento de nuestra respuesta en la que explicaremos cómo lo hemos calculado.

3. Hay un cierre de autoría propia, el de Benjamin Franklin inverso, en el que solucionamos al finalizar la entrevista todas y cada una de las objeciones planteadas.

4. No hay una regla fija sobre el momento adecuado que debemos escoger para solucionar las objeciones y sobre si responderlas una a una o varias a la vez. Esto dependerá de cada una de las visitas. En algunas será recomendable solucionarlas a la vez después de que el cliente haya expresado todas, y en otras iremos solucionándolas poco a poco según vayan aflorando.

5. Hay un tipo de objeciones que deberemos solucionar inmediatamente, son las relacionadas con la honorabilidad de nuestra persona o de nuestra empresa. Esta objeción debe ser solucionada al instante y de forma clara.

Veamos la secuencia completa en la figura 24:

Secuencia para tratar objeciones

1. **Planteamiento** de la objeción

2. **Sonreír** guardando tres segundos de **silencio**

3. **¿Es verdadera** o falsa?

4. **Preguntas** abiertas

5. **Clarificar** la objeción

6. **Rebatir** la objeción

www.iosulazcoz.es

Figura 24

Como he dicho antes sin objeciones no hay venta, si nos enfrentamos al cliente no hay venta, si no las solucionamos todas y cada una de ellas no hay venta.

Debemos estar preparados para cuando estas aparezcan y tomarlas con naturalidad y con empatía. No nos pongamos nerviosos ni nos enfademos; no torzamos el gesto, ya que el cliente lo detectará; tratemos a las objeciones con solvencia, con autoridad, pero sin distancia; transmitamos confianza en nosotros mismos y en nuestras soluciones.

Cada vez que solucionamos una objeción consolidamos la confianza hacia nuestros productos y nos acercamos un poco más hacia el cierre. Las objeciones son las puertas de la fortaleza del cliente que se abren ante ti, no las veas como las murallas que os separan sino como una invitación a bailar.

CONSEJO

- Este es un clásico de todas mis formaciones. Consiste en tener registradas todas las objeciones que te plantean tus clientes junto con cada una de las soluciones que les planteas. Crea una tabla de dos columnas y tantas filas como objeciones registres. Ponla en común con el resto de tus compañeros y juntos elaborar una tabla que recoja todas las que tus productos y servicios han provocado. Regístralas y compártelas con todos los vendedores de tu equipo. No improvises, las ventas son preparación y ejecución.

Capítulo 9
Análisis

El precio de la luz es menor que el coste de la oscuridad.
Arthur C. Nielsen

Ha finalizado la visita al cliente y habremos conseguido o no su compromiso. Los profesionales de las ventas consiguen en sus visitas pequeños compromisos de sus clientes, es lo que Neil Rackham llama «visitas de avance», y a aquellas en las que no ha conseguido nada les llama «visitas de continuación». Estas últimas son aquellas en las que la situación se puede alargar indefinidamente si no lo remediamos. Son las visitas que realizan los que se inician en las ventas o los vendedores que no aprenden. El tiempo es un enemigo del cierre, cuanto más dejemos pasar menos opciones tendremos de cerrar la operación. Esta se enfriará y deberemos volver a calentarla invirtiendo tiempo y energía en ello.

Tanto si has conseguido vender como si no, es muy importante que sepamos lo que hemos hecho bien para poder reproducirlo posteriormente, así como también lo que hemos hecho mal para poder corregirlo en visitas posteriores.

A priori parece una tarea sencilla y bastante lógica, sin embargo, según mi experiencia con equipos de ventas, en muy pocas ocasiones se lleva un registro de todo lo que ha acontecido en la totalidad del proceso comercial.

A medida que aumente la información referente a todo mi proceso comercial mayor control tendré sobre mis resultados y más acciones podré implementar para conseguir aumentar mis ventas. Lo que no se registra no existe, confiar en nuestra memoria es propio de ilusos y tú que me lees seguro que no eres uno de ellos.

Existen muchas plantillas con diferentes campos a rellenar, bien sea a través de hojas Excel o bien mediante un CRM. Si tienes una empresa unipersonal, con un Excel te será suficiente; sin embargo, si quieres gestionar mucha información al disponer de un equipo de ventas de un tamaño medio, entonces necesitarás un CRM. En estos *software* de gestión puedes personalizar las plantillas con los campos que más te convengan.

Te muestro en la figura 25 una de ellas:

Plantilla de análisis

Fecha	Empresa	Contacto	Asuntos tratados	Objeciones	Soluciones	Mejorar	Potenciar

www.iosulazcoz.es

Figura 25

Es muy positivo que de vez en cuando te acompañen en tus visitas. Un observador externo puede registrar muchos detalles que al vendedor se le escapan. Hay que tener en cuenta que cuando uno está hablando emplea muchos más recursos cognitivos (alrededor del 100 %) que cuando está escuchando (un 20 %). Si un vendedor habla mucho más tiempo de lo recomendable (menos de un 33 % del tiempo), se pierde infinidad de detalles y gestos que el cliente está transmitiendo a nivel no verbal. Solo captamos lo que nos dice, pero no cómo su cuerpo nos lo transmite.

En este sentido el psicólogo experto en micro expresiones Paul Ekman[22], nos indica que estas reacciones ocurren en fracciones de segundo que oscilan entre 1/15 segundos y 1/25 segundos, por lo que son del todo indetectables si no prestamos la atención suficiente. En nuestro rostro existen más de doscientas combinaciones posibles entre distintos músculos diferentes. Hay personas que tienen habilidad natural para detectarlas y otros a los que les cuesta más.

Sin ir más lejos, el otro día hice una visita con un vendedor de un cliente mío. El cliente potencial mostró claros signos, con micro expresiones de su rostro, de claro interés por dos aspectos que nuestro servicio cubría. El vendedor, como invirtió demasiado tiempo hablando, en ocasiones mirando a la pantalla y no mirando al cliente, se perdió dos momentos clave de la visita: aquellos en los que el cliente mostró con sus gestos mucho más interés. Su rostro se modificó; ella se inclinó hacia delante y posteriormente hizo dos preguntas relacionadas. En ventas eso se llama «tecla candente», cuando la detectas tienes que pulsarla una y otra vez en tu visita. Cuando esta finalizó, el vendedor me preguntó por qué había incidido tantas veces en ese aspecto en concreto. Le indiqué que era una

---

22   Paul Ekman: www.paulekman.com

«tecla candente» y que la detecté al observar sus micro gestos. Si no observas a tu cliente potencial mientras hablas, te estarás perdiendo mucha información relevante. Por ello siempre recomiendo que los directores comerciales o jefes de ventas realicen visitas conjuntas con sus vendedores para ir perfeccionando su estilo e ir capacitándoles en el camino hacia su conversión en vendedores de primera.

En otra ocasión, un empresario me quería vender una herramienta de *Business Inteligence*. Plantó su ordenador entre ambos y, sin mirarme a la cara, empezó su alocución. Dos errores clamorosos: el primero tiene que ver con el contacto visual: si no lo hay, la confianza desaparece. El segundo error fue que no captó mi desconexión hacia el tema al no leer mis macro expresiones en este caso. El resultado fue el que te imaginas.

Otra de las plantillas tiene que ver con la estrategia de aproximación que hemos tenido con nuestro cliente potencial. Te la muestro en la figura 26:

Plantilla de análisis

Fecha	Empresa	Contacto/s	Estrategia inicial	Resultado	Alternativas	Plazo ejecución	Responsable

www.iosulazcoz.es

Figura 26

En muchas ocasiones, o bien no hemos dado con la persona correcta en nuestra gestión comercial o bien lo hemos hecho únicamente con una sola persona. En la nueva física de las ventas intervienen cada vez más personas en la decisión de compra, por lo que jugártelo todo a una sola carta es muy arriesgado. También es importante analizar:

- La vía de aproximación que hemos escogido para llegar a nuestro cliente.

- Nuestra capacidad para concertar citas.

- Si la persona con la que nos vamos a reunir es la correcta.

Por último, una vez hayamos conseguido o no la visita, debemos explorar nuevas vías de aproximación, involucrar a más departamentos y, en definitiva, mostrar alternativas para poder conseguir nuestros objetivos de ventas. Cuando siempre intentamos entrar en el edificio por el mismo sitio y hablamos siempre con la misma persona estaremos abocando nuestra gestión comercial hacia el mismo resultado. Para entrar no solo existe la puerta principal, sino que también existen puertas secundarias, ventanas, etc. Es una metáfora, no intentes entrar en la empresa de tu cliente por la ventana. Veamos una serie de aspectos relevantes referentes al análisis de nuestras visitas:

- ¿Es aconsejable involucrar a más departamentos en tu visita?

- ¿Cómo es tu aproximación? ¿Es eficaz? ¿Existen otras vías más recomendables?

- ¿Realizas siempre las visitas solo? ¿Con qué frecuencia te acompañan?

- ¿Empleas medios técnicos en tus visitas?

- ¿Participa el cliente en tus visitas? ¿Llevas muestras?

- ¿Tiene tu empresa recogidos testimoniales de clientes?

- ¿Mantienes la compostura ante las objeciones? ¿Hay alguna que te cuesta especialmente solucionar?

- Normalmente, ¿con cuántos departamentos interactuamos en la empresa de mi cliente?

- ¿Adaptas tus discursos a los departamentos a los que visitas o haces todas las visitas igual, sea el departamento que sea?

Todos estos indicadores y muchos más son analizados en CRMs[23] y en *softwares* de gestión. Todos ellos son necesarios si queremos conocer las causas de nuestros éxitos y las de nuestros fracasos.

Si tengo que puntuar del 1 al 10 mi visita, ¿cuál sería el resultado?

- Información sobre el sector a visitar y el cliente.

- Información acerca de nuestros propios productos y los de la competencia.

- Presentación de la oferta: ¿empleo técnicas de *storytelling*? ¿Y de *data storytelling*?

- Presentación de mis propuestas de valor.

- Detección de los «puntos de dolor» del cliente.

- Detección de «teclas candentes».

- Cierre.

- Seguimiento.

- Número de referencias conseguidas, etc.

---

23 CRM: Customer Relationship Management. Es una herramienta que almacena todos los datos referentes a mis procesos comerciales abiertos.

Es sorprendente la ausencia de análisis de algunos vendedores, bien sea porque la empresa no ha puesto a su disposición sistemas de control y registro, o bien debido a que, aunque los tengan, no los usan. En mis más de veinte años acompañando a vendedores, les indico qué ha ido bien en la visita y qué deben mejorar, y eso abarca desde la primera llamada hasta el cierre o no cierre. Toda la información recogida la registraremos en nuestro documento de análisis. Esto está directamente relacionado con el consejo que te daré en este capítulo.

CONSEJO

Al finalizar tu visita de ventas y justo en ese momento anota toda la información relevante y útil que para ti y tu empresa se ha dado en tu visita. Si no tienes un CRM adaptado a tablet o móvil emplea el sistema que tengas a tu alcance, pero registra siempre la máxima información posible de tus visitas. Esto representa tu mejor hoja de ruta para seguir creciendo como vendedor profesional. Si consideras que debes modificar las plantillas que te he presentado haz las tuyas para que se adapten mejor al tipo de visita que tú haces y al producto que tú vendes. No registres la información por registrar, hazlo únicamente con aquella que te pueda servir para vender más y mejor.

Capítulo 10
Seguimiento

Si te enfocas en buscar prospectos, en presentar y dar
seguimiento a los clientes, las ventas vendrán por sí solas.
Bryan Tracy

Ya en *El arte de vender* hice hincapié en la importancia que el seguimiento tiene en la gestión comercial. En mis inicios en ventas, allá por 1998, utilizaba fichas de cartón que llevaba siempre entre la palanca de cambios y el asiento del copiloto de mi coche. Era un taco de unas cincuenta fichas en las que reflejaba campos como:

- Nombre de la empresa y su dirección.
- Nombre del contacto, teléfono y correo electrónico.
- Productos que consumía y fecha de sus compras.
- Comentarios de la visita.
- Anotaciones sobre productos de la competencia con los que trabajaba.

Al finalizar cada visita iba a mi coche y rellenaba toda la información antes de que se me olvidara. Si tengo en cuenta que mi perfil DISC es ID, tengo de manera natural especial animadversión a registrar información. Tengo que reconocer que para mí era una auténtica tortura hacerlo, ya que lo que me gustaba era estar en contacto con mis clientes y generar oportunidades de negocio. Recuerdo las reuniones de ventas en las que el gerente, yo era el director comercial, nos instaba a rellenar más información de las visitas. Se nos decía que solo invertiríamos cinco minutos, yo tardaba veinte minutos, en rellenar las fichas. Si contaba que realizaba unas veinte visitas diarias, al cabo de una semana emplearía unas siete horas en rellenarlas. Ahí estaba la trampa, esas siete horas de más las sustraía de mi tiempo libre, ya que las jornadas se alargaban más de la cuenta. Un vendedor sabe cuándo entra a trabajar, pero nunca cuándo sale.

Por aquella época todo era manual, los datos sobre nuestros clientes se repasaban en aquellas pesadas fichas de cartón rellenadas a bolígrafo una a una. Por otro lado, hacer estadísticas de mis vendedores era una cuestión con la que empleaba mucho tiempo, ya que tenía que extraer los datos de un ERP con unas funcionalidades muy limitadas por aquella época. Hay que tener en cuenta que por aquel entonces los que nos dedicábamos a gestionar redes de venta no disponíamos de un CRM.

Los vendedores me llamaban con mucha frecuencia para preguntarme datos sobre sus clientes y sus ventas, esas peticiones se las trasladaba al personal de administración que, cuando tenía un hueco, me la suministraba a mí. El retraso con el que los comerciales obtenían información valiosa acerca de sus gestiones comerciales era, como mínimo, de una semana.

Cuando quería saber algo acerca de un determinado producto, quién lo vendía más, en qué zona, en qué tamaño de clientes, en qué sector, etc., el número de operaciones que tenía que realizar con el antiguo ERP eran inmensas, tenía que cruzar diferentes hojas cuyos datos posteriormente debía introducir en hojas Excel para elaborar mis métricas. El tiempo invertido era enorme. Ahí no acababa mi trabajo, ya que también realizaba campañas de venta en todos los departamentos de la empresa: comercial, administración y departamento técnico. Recogía todos los pedidos, por aquella época se hacían únicamente en papel, y sumaba cada una de las ventas que realizaba un equipo de unas 35 personas. Elaboraba *rankings* y premios para los mejores.

También era muy importante para mí determinar los porcentajes de fidelización que presentaba mi empresa a través del número de pérdidas de clientes que se daban en cada una de las rutas de servicio que teníamos, así como de los técnicos involucrados. De ese modo, analizaba qué técnicos tenían más incidencias y cuáles eran los que en las encuestas que realizaba salían mejor parados. Fue muy sorprendente descubrir cómo había técnicos que en sus rutas casi no tenían bajas, y cuando se les cambiaba de ruta tampoco. Aprendí que los técnicos de servicio que estaban en casa del cliente cada veintiún días eran una figura clave a la hora de fidelizar a nuestros clientes. La barrera anti vendedores que sufrimos los comerciales los técnicos no la tenían. También era un trabajo manual el de analizar todos estos datos y el tiempo invertido se sumaba al empleado en las tareas antes descritas.

Otro de los problemas con los que me encontraba era el de la coordinación del trabajo del equipo de ventas. Desplegaba un mapa y distribuía uno para cada miembro del equipo. Cada uno de ellos era entregado con sus zonas geográficas de trabajo asignadas. El problema llegaba cuando las zonas se solapaban y a eso se añadía que cada vendedor no siempre compartía su trabajo con sus compañeros, con lo cual un mismo cliente en ocasiones era visitado por dos comerciales de la empresa. Me propuse solucionarlo y lo hice compartiendo la información de las visitas en nuestras reuniones de ventas de los viernes.

Cuando llegaron los primeros CRM fue en los años ochenta pero su implementación en las PYMES españolas era insignificante. Ya en mi trabajo como consultor de ventas empecé a investigar sobre cuáles eran los más eficaces y fáciles de aplicar. Es muy importante que el CRM tenga los campos justos y que sea muy intuitivo y sencillo a la hora de usarse por parte del departamento comercial, si no lo es y supone una carga adicional a los reportes que el comercial tiene que entregar este sencillamente no lo utilizará.

Permíteme que te muestre en la figura 27 los elementos que debe contener un buen CRM:

CRM
Customer Relationship Management

www.iosulazcoz.es

Figura 27

Vista mi experiencia y la de los clientes a los que asesoro, enumeraré una lista de beneficios que un buen CRM puede conseguir en tu empresa:

1. Aumenta la visibilidad del rendimiento del equipo de ventas: de ese modo podré tomar acciones correctoras en el caso de ser necesario.

2. Mejora el tiempo empleado en la gestión: según los CRM utilizados los % de ahorro pueden llegar hasta un 50 %. Y todos sabemos que el tiempo es dinero.

3. Coordinación entre los vendedores: permite visibilizar en tiempo real los clientes que cada comercial tiene en cada zona, así como los clientes compartidos. De ese modo evitamos duplicidades en las visitas y nos coordinamos con nuestros compañeros en clientes compartidos para aumentar las posibilidades de venta de ambos.

4. Los vendedores tienen acceso inmediato a la información sobre sus clientes: eso facilita las acciones comerciales que emprenden, ya que al disponer de todos los datos en tiempo real pueden orientar su visita en una dirección o en otra.

5. Se mejoran las prospecciones: sabemos los clientes que tenemos en una zona así como los que podemos conseguir ordenándolos por tamaños y sectores si así lo deseamos. Aprovechamos mejor nuestros desplazamientos y nuestro tiempo. La eficiencia aumenta y los clientes conseguidos también. El tiempo perdido es menor y de esa manera lo podemos reinvertir en generar más clientes. Se conforma un círculo virtuoso sin fin.

6. Algunos CRM, los más potentes todos, presentan movilidad a través de móviles y tablets: ¿te acuerdas cuando tenías que meter los datos en un portátil que debías encender y apagar después de cada visita? Al final llevabas los catálogos físicos, las fichas, el portátil, etc. Mi espalda cada

cierto tiempo me daba muchos problemas. Mi L5 (quinta vértebra lumbar) sabe muy bien de lo que hablo.

7. Algunos CRM también presentan geolocalización: de ese modo puedo rastrear las zonas que trabajan mis vendedores, el tiempo medio invertido en cada visita y las visitas realizadas.

8. Se invierte en fidelización: en primer lugar, por poseer más datos sobre nuestros clientes, en segundo lugar, ya que conozco con quienes trabajan además de con nosotros y, en tercer lugar, al realizar ventas cruzadas. En definitiva, al conocer mejor a nuestros clientes mejoramos los porcentajes de fidelización. La información es poder y una de sus consecuencias es que nuestro cliente se siente escuchado, querido y ayudado de una forma más holística y profesional.

9. Permiten cuantificar los resultados de nuestros vendedores: en la figura 28 te muestro algunos KPI (indicadores de desempeño) que se trabajan en distintos CRM que existen en el mercado. Hago especial hincapié en el destinado a conocer el volumen de ventas que nuestros vendedores consiguen en colaboración con sus compañeros. Es muy importante que trabajemos en equipo y que dejemos atrás viejas prácticas, muy extendidas actualmente, de trabajar en solitario. Las empresas deben fomentar e implementar protocolos de trabajo conjunto, de ese modo las virtudes de cada miembro del equipo serán utilizadas por todos sus compañeros. Se cumple un doble objetivo, por un lado conseguimos aumentar la tasa de cierre de los vendedores y, por el otro y más importante todavía, conseguimos aprender de nuestros compañeros nuevas habilidades que nos llevarán en un futuro a más y mejores ventas. Se crea un hábito de retroalimentación positiva

que se integra en la cultura de la empresa y, en concreto, en la del departamento de ventas. Estudios realizados en empresas de más de cien trabajadores en Estados Unidos demuestran que aumentar la conectividad de los trabajadores de una empresa es siempre una excelente inversión. El Instituto Tecnológico de Massachusetts (MIT) e IBM han realizado investigaciones al respecto y la conclusión es la misma: lo que más valoran los trabajadores de las empresas es la conexión con los demás. Y más recientemente PayFit, al inicio de la pandemia del COVID 19, dejó a criterio de sus trabajadores el asistir a las oficinas o teletrabajar. El 50 % de los empleados siguieron yendo. Cuando les preguntaron por qué, respondieron: echaba en falta a mis compañeros.

Veamos en la figura 28 los KPI que miden los CRM facilitando mucho la labor de un director comercial:

1 Ventas totales por vendedor

2 Ventas por zona

3 Ventas por perfil de clientes

4 Ventas por familia de artículos

5 Rotación productos

6 Porcentaje de venta cruzada

7 Porcentaje de ventas en colaboración

KPI en CRM

www.iosulazcoz.es

Figura 28

1. Puedes realizar anotaciones en la visita: apuntaremos la información relevante para no dejar de mirar a los ojos del cliente. La sintonía decrece a medida que dejas de mirarle.

2. Registro del trabajo del vendedor: cuando un vendedor se va de vacaciones, la empresa puede ceder su gestión a otro compañero suyo, el cual sabrá el punto exacto en el que este dejó sus gestiones de ventas antes de irse. La empresa así no pierde oportunidades de venta en periodo estival. La maquinaria de generar cierres nunca debe parar por vacaciones.

Hay otro tipo de seguimiento que los vendedores rara vez hacen: seguir a los clientes que se van y los que no compran. Cuando un cliente potencial nos rechaza nos lo tomamos como un rechazo a nuestra persona y no a nuestros productos o servicios, esto implica que debido a nuestro despecho decidimos no visitarle en un futuro. En los clientes hay muchos cambios en el tiempo y si no realizamos un correcto seguimiento nos perderemos muchas oportunidades. Lo mismo sucede cuando perdemos un cliente: decidimos no visitarle. Cuando un cliente nos deja ingresa automáticamente en la lista de clientes potenciales. Siempre debes ver las oportunidades que se generan delante de tus ojos, aunque según mi experiencia no es frecuente encontrar a vendedores con Rayos X.

Uno de los CRM que conozco y usé de prueba hace años es el de ForceManager. Posee funcionalidades tanto para los vendedores como de los directores comerciales. Su CRM es útil para:

Directores Comerciales:

- Plataforma de análisis: por medio de herramientas de *Business Inteligence* tengo una visión general con vistas jerárquicas y diferentes niveles del funcionamiento del departamento de ventas para así poder introducir acciones en tiempo real sin necesidad de postergarlas.

- Control de ejecución del plan de ventas: por medio de los indicadores y resultados diarios de mis vendedores sabré el grado de cumplimiento día a día. De este modo podré introducir acciones correctoras de forma inmediata.

- Aumenta la eficiencia comercial: al saber quién está funcionando mal podré realizar *coaching* con estos vendedores sin esperar a que ellos soliciten mi ayuda.

- Sales Analytics: obtendré gráficos individuales y de equipo tras cada jornada de trabajo. Tendré de esta manera información visual y disponible en tiempo real para conocer la desviación sobre el cumplimiento de los objetivos de mi equipo comercial.

- *News Manager*: podrás comunicarte con tu equipo de ventas y saber quién lo ha leído y quién no.

- Geolocalización: sabré dónde y cómo invierten el tiempo mis comerciales. Podré combinarlos con otros KPI que me den una foto real de lo que está sucediendo en la calle, para así poder potenciar lo que funciona y solucionar los problemas que se produzcan.

Vendedor:

- *Magic card*: en sesenta segundos puedo tener una tarjeta con los datos más relevantes de la visita que voy a realizar. Es muy útil para acceder de manera muy rápida a la información que yo he marcado previamente como relevante.

- Gestión de clientes potenciales: podré segmentar clientes potenciales por tamaño, potencial de crecimiento, zona geográfica, etc.

- Reporte de datos: lo puedo hacer en medio de la visita o por voz al acabar esta. El tiempo que ahorramos al hacerlo así es enorme y más teniendo en cuenta que los vendedores invierten en reportar en papel una media de cuatro horas a la semana. Es mucho tiempo invertido en tareas que pueden ser simplificadas por medio de un CRM.

- Envío de documentación: podré enviar contratos, ofertas y catálogos en tiempo real al cliente en la misma visita mientras estoy con él.

- *Goal Manager*: los vendedores sabrán día a día cuál es su grado de cumplimiento de sus objetivos. Está científicamente demostrado que el cerebro cree lo que ve, si ves tus objetivos y su cumplimiento cada día sabrás qué tendrás que hacer para cumplirlos. Al verlos, de manera inconsciente estarás movilizando al centro planificador de tu cerebro racional para ejecutar un plan. Si no los ves, es como si no existieran, y ese es uno de los grandes déficits de los vendedores, guardan sus objetivos en un cajón y no les echan un vistazo de manera regular.

- *Sales Campaign*: los vendedores pueden visualizar las campañas en curso y su grado de cumplimiento. Estas suelen llevar asociadas premios en metálico o en tarjetas regalo, por lo que interesa saber cómo las estamos ejecutando. Suponen un incentivo para el vendedor y resultados para la empresa. Todos ganamos.

Imagínate que vas conduciendo a tu próxima visita y tienes el tiempo justo para llegar puntual, no puedes ni siquiera ojear su ficha. Pues bien, ForceManager junto con IBM ha desarrollado una herramienta de Inteligencia Artificial (Dana) que se sincroniza con Siri a través de la voz sin que sea necesario abrir la aplicación. Le puedes preguntar cualquier aspecto relacionado con el cliente al que vas a visitar para así poder preparar la visita mientras conduces. Si lo hubiera tenido en mis inicios seguro que habría dispuesto de más tiempo para la actividad por la que me pagan: vender. Por ello, estoy firmemente convencido de las tecnologías que nos proporcionen tiempo, ya que lo que en realidad nos están dando es dinero.

El seguimiento es el preámbulo de la fidelización de tu cliente, si le hacemos un seguimiento frecuente y profesional estaremos más cerca de crear una relación perdurable en el tiempo e impermeable a la competencia.

ENTREVISTA A ÓSCAR MACIA

ForceManager se funda en el año 2011, está presente en treinta y seis países y cuenta con una plantilla de más de cien profesionales.

—*Óscar, ¿qué te lleva hace casi diez años a fundar ForceManager?*

—Digamos que, inspirado por mi propia experiencia como comercial y posteriormente como director de ventas, me di cuenta de que había una oportunidad en el mercado para una aplicación móvil que ayudase a los comerciales en su día a día dentro y fuera de la oficina y que a su vez permitiese al director comercial tener información real y útil para la toma de decisiones. Combinando mi pasión por las ventas y la tecnología, en 2011 decidí crear junto con Xavier Bisbal el primer CRM móvil específicamente diseñado por y para comerciales, con el objetivo de digitalizar y optimizar la actividad de la fuerza de ventas y sus procesos. Así surgió en 2011 ForceManager, la única alternativa a los CRM tradicionales poco utilizados por los comerciales y «anclados» en la oficina.

—*Si me tuvieras que vender por qué debe una empresa tener un CRM frente a un ERP, ¿qué me dirías?*

—No es uno o el otro; CRM y ERP trabajan juntos y de la mano. De hecho, son herramientas complementarias que se integran a la perfección. Un ERP es esencial en una empresa, pero es estático y no es útil en el día a día de los equipos de ventas.

Creo que cualquier empresa que disponga de un departamento comercial con fuerza de ventas tiene encaje con el CRM de ForceManager. Contamos con clientes de todos los sectores, pero estamos principalmente focalizados en aquellos con redes comerciales de movilidad, es decir, que realizan visitas o reuniones *face-to-face* con clientes, ya sea de forma física o a través de videollamada.

—*¿Qué se consigue con un CRM como el vuestro?*

—Tener una herramienta con la que la fuerza de ventas pueda reportar su actividad de forma ágil y en movilidad.

Disponer del conjunto de datos asociados a la actividad comercial, tanto a nivel colectivo como individual, de forma centralizada, actualizada y accesible en tiempo real para la gestión de la actual base de clientes, así como de los potenciales nuevos clientes.

Digitalización del proceso comercial: la gestión de oportunidades, clientes, documentos y actividades se centraliza a través de una misma plataforma.

Integración de la información recopilada de la actividad comercial y los principales sistemas de información ya existentes en el cliente (ERP, herramientas de *Business Inteligence*, etc.).

Generación de informes, a nivel de dirección, sobre la actividad de su equipo comercial.

Visibilidad con diferentes perspectivas en tiempo real de toda la actividad de la fuerza de ventas a través de cuadros de mando.

Implantación de objetivos o KPIs tanto a nivel individual como a nivel colectivo, gestionables tanto a nivel de dirección como a nivel de agente comercial.

—*¿Por qué Force Manager y no otras empresas de CRM?*

—Podría decirte mil y una razones, pero creo que es más útil darte algunos de los indicadores clave que obtenemos tras empezar a utilizar ForceManager:

- 75 % DAU (*Daily Active User* / Usuarios activos diarios) como media en los clientes de ForceManager.

- Más de un 40 % de mejora de la calidad de la información tras empezar a utilizar nuestro CRM.

- Más de un 25 % de aumento de ventas en menos de dos meses, ya que los comerciales tienen más tiempo para vender.

- Cuatro horas por semana ahorradas en trabajo administrativo por usuario.

—*¿Cómo puede ayudar vuestro CRM a los vendedores? ¿Y a la dirección comercial?*

—Beneficios globales para los comerciales:

- Más tiempo disponible para vender gracias a la posibilidad de realizar un *ágil reporting* [24] de su actividad en movilidad, por voz y asistido por Inteligencia Artificial.

- Herramienta basada en geolocalización y movilidad. Aporta información contextual, en tiempo real, *on-line* y *off-line*, lo que facilita la preparación de las reuniones tanto presenciales como por videollamada con clientes.

- Mayor productividad del equipo comercial al disponer de objetivos individuales con seguimiento en tiempo real.

- Alta tasa de adopción en el uso de la herramienta en movilidad por el conjunto de agentes comerciales.

—Beneficios globales para la dirección comercial:

---

24   *Agile Reporting*: es la acción de transmitir de manera rápida a la dirección de ventas toda la información referente a tus procesos comerciales abiertos.

- Cierra la brecha entre la estrategia de ventas y su ejecución. La información completa en tiempo real de la actividad comercial permite tomar decisiones precisas y contrastadas.
- Visibilidad sobre el equipo de ventas y su relación con los clientes.
- Datos y comunicación efectiva con el equipo a tiempo real.
- Reducción drástica del trabajo administrativo.
- Mejora del rendimiento global de ventas, así como de los resultados, proactividad y productividad individual de cada uno de los agentes comerciales.

—¿Cuál es el % de implementación de los CRM en las empresas?

—Según un estudio del INE (Instituto Nacional de Estadística), todo depende del sector y el tamaño de la empresa. Normalmente las empresas más transformadas son aquellas que pertenecen al sector de las TIC y que tienen mayor número de empleados, después figuran los sectores de servicios e industria y por último encontraríamos a la construcción.

Si tuviésemos que apostar por un % diría que rondamos sobre un 60 % de transformación digital y un 30 % de adopción de CRM, por lo cual aún tenemos mucho trabajo por hacer.

	Industria	Construcción	Servicios
Total nacional			
G.2.A % de empresas con CRM para capturar, almacenar y compartir información sobre clientes dentro de la empresa	30,85	19,44	38,36
G.2.B % de empresas con CRM para analizar la información disponible acerca de los clientes dentro de la empresa con fines comerciales y de marketing	22,65	10,99	29,82

—*¿Cuál es la principal resistencia que os encontráis al comercializar vuestro CRM en las empresas?*

—Creo que la principal resistencia que nos encontramos al comercializar ya no solo nuestro CRM, sino cualquier CRM en general, es que los vendedores lo ven como una herramienta de control. Y es todo lo contrario. Lo que buscamos es, en última instancia, ayudar al vendedor. Si él no está a gusto con las herramientas que se le ofrecen no las va a utilizar ni va a hacer bien su trabajo. Si lo que queremos es que lo adopten, que aumenten su proactividad, automaticen procesos, y con ello aumenten sus ventas, buscamos que nuestra herramienta sea de todo menos de control.

Por otro lado, la brecha digital entre generaciones es otro factor. Las empresas con vendedores que son nativos digitales no tienen problema y ven a ForceManager como su herramienta de trabajo, pero a otras generaciones les cuesta más pasar del papel y el lápiz a una app en sus dispositivos. Aquí hay que dar soporte y sobre todo formaciones por parte de la empresa y ForceManager.

—*¿Qué herramientas destacan vuestros clientes por encima de todas?*

—Uno de los puntos más fuertes que tiene ForceManager es su movilidad. El comercial no está en la oficina todo el día ni debería estarlo. Está visitando clientes, generando oportunidades y moviéndose de un lado a otro. Por eso quisimos crear un CRM móvil, para que cualquier agente comercial pueda utilizarlo esté donde esté. Sin necesidad de abrir un ordenador, ni mucho menos ir a la oficina para consultar según qué datos de un cliente, reportar, demostrar qué ha hecho y qué no, etc. Simplemente lo registra en su móvil y dirección ya puede hacer seguimiento en tiempo real. Así que lo que más destacan los clientes es que no solo tenemos la versión web del CRM, sino que la versión *app* móvil es perfecta y funciona como un asistente personal.

De entre las funcionalidades que hemos diseñado pensando en la proactividad y la autogestión del comercial las más utilizadas serían *GoalManager,* que es una plataforma para crear, fijar y hacer seguimiento de los objetivos de venta tanto a nivel individual como a nivel colectivo, Y, por otro lado, *Sales Campaigns,* que es otra funcionalidad específica para la gestión de campañas de venta.

Tenemos también un asistente por voz (Dana) y gracias a la Inteligencia Artificial integrada en el CRM se analizan los datos y el usuario recibe avisos que le permiten agilizar ventas, procesos y tareas administrativas.

Por último, quiero destacar la personalización en función de las necesidades del cliente como otro punto fuerte. Creo que en los tiempos que vivimos no podemos crear un producto que no se adapte a cada negocio. El CRM nace para gestionar ventas y clientes y ni las ventas ni los clientes son iguales. Así que poder personalizar la herramienta es vital.

—*Hace un par de años llegasteis a un acuerdo con IBM para la implementación de Inteligencia Artificial (IA) en vuestro CRM. Háblanos un poco de las utilidades del vuestro. ¿Cuál es el nivel de implementación de la IA en los CRM?*

—Nuestro objetivo en ForceManager ha sido crear una interfaz que sea rápida y fácil. Con la IA eliminamos la barrera de acceso a la información de dos maneras: a través de una interacción persona-máquina intuitiva y gracias a la información contextualizada que aporta el sistema. Al estar en un ámbito cerrado (ventas) y tratando una actividad muy concreta (comerciales) es viable. Por lo tanto, mediante nuestro asistente por voz, Dana, puedes interactuar con el CRM (agendar citas, llamar, hacer anotaciones...) y, por otro lado, el mismo sistema te ofrece información clave en base a la actividad del usuario dentro del CRM.

La IA ayuda a los comerciales a no perder detalle de sus oportunidades, cuentas y dar un seguimiento óptimo. También a estar más preparados y a hacer sugerencias de temáticas basadas en interacciones pasadas . Finalmente, a tener predictibilidad de lo que debería ocurrir o suceder en base a patrones históricos.

—*¿Tenéis pensado algo para celebrar vuestro décimo aniversario? ¿Dónde queréis estar dentro de diez años?*

—¡Qué rápido pasa el tiempo! Tenemos muchos proyectos por delante y nos sobran las ganas de seguir trabajando para mejorar y ofrecer el mejor CRM posible. Queremos seguir creciendo y convertirnos en el referente para empresas B2B[25], cubriendo, dentro de su actividad de ventas, tanto en movilidad como en remoto. El vendedor actual ha sabido adaptarse a los cambios y ahora es híbrido: vende en la calle, en la oficina, a distancia, etc. Nosotros queremos ser y seguir siendo su herramienta de trabajo. Un CRM útil y adaptado a la realidad, basándonos siempre en los pilares de la simplicidad, la facilidad de uso y el objetivo claro de ayudar a empresas y a sus vendedores a vender más y mejor.

Gracias Óscar por la información tan relevante que nos has aportado, tanto para los comerciales, como para los que gestionan equipos de venta.

Para finalizar os daré unos consejos

---

25   Business to business: venta entre empresas.

CONSEJOS

- Registra toda la información relativa al proceso comercial. Si te cuesta porque tienes un perfil «I» como el mío empieza sin parar un día tras otro, ya verás como al final adquieres el hábito. La información que registrarás será desde la primera llamada, correo y todas las visitas que le realices al cliente.

- Si el CRM que tiene tu empresa no lo usan tus vendedores, debes investigar por qué y mejorar el relato para «venderles» los beneficios que obtendrán como resultado de su uso.

- Si tu empresa no tiene un CRM decídete por uno que sea fácil de utilizar, que sea útil y que se pueda usar en el móvil. Cuando lo implementes en la empresa tienes que enseñarles a utilizarlo a tus vendedores en la calle, tienes que revisar todas las semanas su utilización. Si relajas su uso, el foco desaparecerá y el CRM fracasará.

Epílogo

Cuando decidí crear este método en el año 2016 tenía ante mí un reto mayúsculo: integrar todo lo que las ventas me habían enseñado en una estructura que tuviera un sentido y un porqué; aglutinar todos los métodos probados y eficaces a lo largo de los últimos treinta años; extraer su esencia y descartar elementos que consideraba que no aportaban al conjunto. Créeme que fue una labor tremendamente compleja y laboriosa. Este es el resultado.

El *Método Sell it* lleva formando a ejecutivos de ventas durante los últimos siete años y los resultados que está arrojando en la calle me han animado a escribir esta obra.

Llevo más de veintitrés años acompañando a vendedores por toda la geografía nacional y compruebo, una y otra vez, la ausencia de un método, de una estructura en sus visitas; he visto cómo cientos de ellos no sabían cómo iniciar el proceso comercial ni qué pasos dar delante del cliente; también desconocían qué hacer tras la visita. He observado cómo muchos vendedores prometedores eran presa de sus creencias limitadoras o de otras prestadas por su entorno y acababan abandonando su carrera.

Los vendedores estamos huérfanos de metodologías que recojan, de manera secuencial y ordenada, todo lo que la ciencia nos está enseñando sobre el comportamiento humano y sobre cómo funciona nuestro cerebro a la hora de tomar decisiones.

Las ventas necesitaban integrar la parte humana del vendedor con la parte técnica y la tecnología; no podemos seguir tratando a los vendedores como a máquinas; los directores comerciales deben incorporar a sus competencias el liderazgo, la inteligencia emocional, la positividad, el optimismo, la psicología, el *coaching* de equipos y las habilidades tecnológicas. Las competencias que eran necesarias hace veinticinco años, ya no son en absoluto suficientes para afrontar con las mínimas garantías de éxito las ventas en un mercado tan homogéneo, competitivo y exigente. Los procesos de selección de vendedores deben incorporar nuevos criterios que ayuden a poner la primera piedra de su posterior fidelización. La retención del talento es uno de los mayores retos al que se enfrenta la empresa, como también lo es la retención del esfuerzo (*engagement* / compromiso). La rotación de vendedores es uno de los males que no acabamos de solucionar y la creación de una cultura saludable en la organización es la manera de mantener la energía del vendedor a lo largo del tiempo. En el método lo desarrollo en el paso primero.

El *Método Sell it* es un compendio de todo lo que las ventas me han dado y, también, de todos los conocimientos que he adquirido a lo largo de los últimos treinta años y que he volcado en una de mis principales pasiones: las ventas. Así pues, este libro, al igual que mi anterior obra, *El arte de vender*, ha nacido de la práctica, no de la teoría.

El vendedor, ya sea novel o experimentado, necesita dotar de estructura a todo su proceso comercial. Este se siente abandonado a su suerte y aplica técnicas sueltas que ha aprendido en algún que otro proceso formativo. La ausencia de métodos

194

de venta es alarmante y es el motivo principal por el que decidí escribir este libro: darte un guion de diez pasos con el que te sientas seguro y confiado y, como consecuencia, para que el cliente perciba tu maestría y valor diferencial no solo en base a tu producto, sino también en base a tu perfil profesional. La negociación será posteriormente más sencilla.

Esta obra está dirigida tanto a directores comerciales como a comerciales, a empresarios y emprendedores, a *startups* y a candidatos para acceder tanto al mercado laboral como a una promoción. También está dirigido a cualquier persona que quiera aumentar su esfera de influencia en cualquier ámbito de su vida, tanto profesional como personal.

El *Método Sell it* está especialmente concebido para ventas complejas, para ventas industriales de gran valor añadido y precios altos, aunque también se adapta a ventas simples con ciclos de decisión cortos.

La metodología y contenidos del *Método Sell it* los imparto tanto a nivel presencial como a nivel digital. Se componen de dos módulos de doce horas cada uno. Posteriormente, en la mayoría de los casos, las empresas me contratan consultoría para adaptar el método a sus negocios. Creo diez carpetas con las que trabajaré con mis clientes cada uno de los diez pasos del proceso comercial recogido en el método.

He formado en el método a empresas de todos los sectores: del *software*, de la maquinaria industrial, del sector hospitalario, de la iluminación, del *retail* para el Gobierno de Navarra, emprendedores, del diseño gráfico, del *coaching* y de la educación entre muchos otros.

Tengo varios proyectos relacionados con el *Método Sell it* que irán viendo la luz poco a poco y que me tienen muy ilusionado. Esto no ha hecho más que empezar.

Espero que esta obra te haya sido de utilidad y la empieces a aplicar pronto. Estaré encantado de escuchar tus experiencias con el método. Para ello, te dejo mi correo electrónico para que me escribas: ilazcoz@optitud.es

Por último, quiero destacar un paso que he omitido en el método pero que tiene toda la importancia del mundo: la fidelización de los clientes. Por ese motivo, invité a uno de los mayores expertos a nivel mundial: Cosimo Chiesa, profesor de Dirección Comercial del IESE y presidente de Barna Consulting Group.

Un fuerte abrazo y gracias por confiar en mí. ;)

Iosu Lázcoz.
Consultor, formador, autor, conferenciante.
www.iosulazcoz.es

Agradecimientos

Quiero dar las gracias en primer lugar a mi mujer, Yolanda, por darme siempre aliento en los momentos difíciles.

A mi madre Chispi por haberme inculcado su pasión por las ventas.

A Salvador Zubiate y a Patxi Villanueva por haberme introducido en este maravilloso mundo de las ventas.

A Cosimo Chiesa por haberme enseñado tanto y por haber aceptado mi invitación para escribir el prólogo.

A Goizeder Lamariano por haberme hecho la corrección de esta obra.

A todos mis clientes que he tenido en estos cuatro últimos años, ellos me han ayudado a perfeccionar el método. Vuestros resultados son mi aliento.

Por último, a mi editor, Javier Ortega, por volver a confiar en mí en esta segunda obra con la Editorial Almuzara.

A ti que has adquirido este libro.

Te deseo muchas ventas a partir de ahora y espero tus comentarios.